Land und Leute

Reise-Infos von A bis Z

Kanuroute

Alternativroute

Index

Strand am Pagelsee

Band 109

OutdoorHandbuch

Leif & Ulf Krägenau, Tanja Peters

Mecklenburgische Seenplatte Kanurundtour

Der Weg ist das Ziel

Die Autoren und der Verlag sind für Lesertips und Verbesserungen (besonders als E-Mail oder auf Diskette) unter Angabe der Auflagen- und Seitennummer dankbar.

Leser, deren Einsendung verwertet wird, werden in der nächsten Ausgabe genannt und erhalten als Dank ein Exemplar der neuen Auflage oder ein anderes Buch ihrer Wahl aus dem Programm des Verlags.

Mecklenburgische Seenplatte

OutdoorHandbuch aus der Reihe Der Weg ist das Ziel, Band 109

ISBN 3-89392-509-0 1. Auflage 2002

Dieses OutdoorHandbuch wurde konzipiert und redaktionell erstellt vom
Conrad Stein Verlag, In der Mühle, 25821 Struckum
☏ 04671/931314, FAX 04671/931315
<outdoor@tng.de> <http://outdoor.tng.de>
für die OutdoorHandbuch Stein KG, Struckum.

Unsere Bücher sind überall im wohlsortierten Buchhandel und in cleveren Outdoorshops in Deutschland, Österreich und der Schweiz erhältlich.
Auslieferung für den Buchhandel:
(D) Prolit, Fernwald und alle Barsortimente,
(A) freytag & berndt, Wien,
(CH) AVA-buch 2000, Affoltern und Schweizer Buchzentrum.

Text und Fotos: Leif & Ulf Krägenau, Tanja Peters
Lektorat: Kerstin Wiencke, Conrad Stein, Marie-Luise Tolkmit
Karten: Heide Schwinn
Gesamtherstellung: Breklumer Druckerei, 25821 Breklum

Dieses OutdoorHandbuch hat 121 Seiten mit 15 farbigen und 35 schwarz-weißen Abbildungen sowie 5 Stadtplänen und 1 farbigen Übersichtskarte. Es wurde der größeren Strapazierfähigkeit wegen fadengeheftet und auf chlorfrei gebleichtem Papier gedruckt.

009900

Inhalt

Über die Autoren

Das Reisefieber erfaßte die drei Hamburger bereits in jungen Jahren und 1994 bereisten sie gemeinsam ein halbes Jahr lang Neuseeland, Mexiko und Kanada auf Wanderwegen und Kanurouten.

Weitere Reisen und das Studium der Pädagogik sowie der englischen Sprache führten Tanja Peters nach Schottland und England. Den Journalisten Ulf Krägenau zog es unter anderem nach Indien und Irland. Geograf Leif Krägenau unternahm Reisen durch Skandinavien, die Südsee und Nordafrika.

In den vergangenen Jahren haben die drei außerdem die Gewässer Mecklenburg-Vorpommerns lieben gelernt und ausgiebig bereist.

Kürzel

Achtung!
Angelmöglichkeit
Apotheke
Aussichtspunkt
Auto, Taxi
Bademöglichkeit
Bahn
Bank
Bus
Buchtip
Café
Campingplatz
E-Mail-Adresse
Einkaufen
Fahrradverleih
Fax
Fototip,
geöffnet...
Homepage
Hotel, Pension
Information
Internetcafé
Jugendherberge
Kanuverleih
Kirche
Krankenhaus
Laden
Museum
Nationalpark
Parkplatz
Polizei
Postleitzahl
Post
Reiten
Restaurant
Schiff, Fähre
Segeln
Surfen
Telefon
Tennis
Theater
Tierreservat
Tip
Umtragestelle
Unterhaltung
Vorwahlnummer
Verweis
Wandern
Waschmaschine

Einleitung

Fritz Reuter, der berühmte mecklenburgische Schriftsteller, stellt in seiner "Urgeschicht von Meckelnborg-Swerin un -Strelitz" fest: "As uns' Herrgott de Welt erschaffen ded, fung hei bi Meckelnborg an". Seitdem hat sich nicht viel geändert, mag mancher denken, der zum ersten Mal einen Ausflug an die Mecklenburgische Seenplatte unternimmt, trifft er doch auf urwüchsige Wälder, einsame Seen und viele vom Aussterben bedrohte Tierarten. Gerade die Urwüchsigkeit der Natur macht das größte zusammenhängende Seengebiet in Deutschland zu einem einzigartigen Erlebnis.

Besonders die vielfältig vernetzte Strelitzer Kleinseenplatte bietet fast unbegrenzte Wasserwandermöglichkeiten durch nahezu unberührte und abwechslungsreiche Landschaft. Aber auch abseits der Gewässer bieten sich faszinierende Eindrücke.

Mit diesem Buch wollen wir Ihnen die Möglichkeit geben, sich eine für Sie passende Tour zusammenzustellen. Zugleich soll es ein detaillierter und informativer Reisebegleiter sein. Es wird eine zwölftägige Tour vorgestellt, die das Seengebiet zwischen Neustrelitz und der Müritz abdeckt. Eine zweite Route, die acht Etappen umfaßt, endet im touristischen Zentrum der Region, in Waren. Die vernetzten Seen des Gebietes bieten jedoch vielfältige Kombinationsmöglichkeiten, so daß sich für jedes Zeitbudget, vom Wochenendausflug bis zum großen Sommerurlaub, eine passende Route finden läßt.

Egal wie lang Ihre Tour wird, Sie werden an der Seenplatte eine erholsame Zeit verbringen und neue Eindrücke mit nach Hause nehmen. Die Hektik des modernen Alltags scheint noch nicht bis hierher vorgedrungen zu sein. Zur Freude der Wasserwanderer beschreibt Fritz Reuters satirischer Entwurf einer mecklenburgischen Konstitution vermutlich die Situation der Natur an der Seenplatte: §1 "Alles bliwt bi´n Ollen".

Rastplatz Blankenförde

Land und Leute

Geschichte

Feuersteingeräte aus der Jungsteinzeit sind die ersten Zeugnisse der Besiedlung Mecklenburgs. Die Germanen schufen die ersten befestigten Siedlungen. Während der Völkerwanderung verließen die Germanen die Region und Mecklenburg blieb zunächst nahezu unbesiedelt. Ab dem 6. Jahrhundert n.Chr. begannen slawische Völker, sich zwischen Ostsee und der Seenplatte niederzulassen. Im heutigen Landkreis Mecklenburg-Strelitz waren es vornehmlich die **Redarier**. Ihre sagenumwobene Hauptstadt Rethra ist bis heute nicht zweifelsfrei geortet worden. Vermutlich ist sie im Tollensesee buchstäblich untergegangen.

Im 10. Jahrhundert begann die Einwanderung deutscher Siedler nach Mecklenburg. 1147 kam es zum sogenannten Wendenkreuzzug; die heidnischen Slawen sollten zum Christentum bekehrt werden. Der 18jährige **Heinrich der Löwe** nahm an dem Kreuzzug teil. Er verfolgte Ziele territorialer Art: Mecklenburg sollte sein Herrschaftsgebiet erweitern. Der Kreuzzug scheiterte, aber Heinrich verbündete sich **Niklot**, dem Führer der Slawen. Dieser starb 1160 während eines gemeinsamen Feldzugs gegen Dänemark. Daraufhin verfügte Heinrich die Angliederung Mecklenburgs an sein Herzogtum Sachsen. Aufstände der Slawen bis 1167 waren die Folge. Dann trat Niklots Sohn **Pribislaw** zum Christentum über und erkannte Heinrichs Oberherrschaft an. Im Gegenzug wurde ihm Mecklenburg zum Lehen gegeben. Um möglichst viele Abgaben aus dem Land zu erhalten, förderte Heinrich die systematische Besiedlung durch Deutsche.

Nachdem Heinrich seine Macht verloren hatte und ein etwa 50jähriges Intermezzo unter dänischer Herrschaft mit der Schlacht von Bornhöved 1227 beendet worden war, zerfiel die Macht in Mecklenburg in mehrere Lager. In der ersten Teilung Mecklenburgs wurde das Land in vier Fürstentümer, eine Grafschaft und zwei Bistümer aufgeteilt.

Während der Ostkolonisation gründeten Ritterorden oftmals Orte neben slawischen Siedlungen. Mit den Rittern zog ein gewisses Maß an Schriftlichkeit ein. Deshalb werden viele Städte in dieser Zeit zum ersten Mal erwähnt, obwohl sie älter sind. Kratzeburg beispielsweise wird im 13. Jahrhundert zum ersten Mal verzeichnet, obwohl es älter sein dürfte.

Erst 1471 bekam das Land wieder eine einheitliche Führung. Heinrich der Dicke vereinigte das unter mehreren Regenten aufgeteilte Mecklenburg. Das reformierte Christentum wurde in Mecklenburg 1549 zur gültigen Religion erklärt.

Bereits 1621 wurde der Herrschaftsbereich wieder geteilt. Die Brüder **Adolf Friedrich I.** und **Hans Albrecht II.** sollten gemeinsam regieren. Stattdessen befehdeten sie sich und teilten schließlich das Land auf in **Mecklenburg-Schwerin**, wo Adolf Friedrich I. regierte, und **Mecklenburg-Güstrow**, in dem Hans Albrecht II. herrschte. Der 30jährige Krieg wirkte sich für Mecklenburg katastrophal aus. Mehrfach wurde es besetzt und verwüstet.

Zur dritten Teilung Mecklenburgs kam es im sogenannten **Hamburger Vergleich** von 1701. 1692 war zunächst Christian Ludwig I. von Mecklenburg-Schwerin gestorben, 1695 verwaiste die Güstrower Linie. Dynastische Streitigkeiten konnten erst mit dem Vergleich beigelegt werden. Neben Mecklenburg-Schwerin entstand das weitaus kleinere **Mecklenburg-Strelitz**, in dem der größte Teil des Gebiets liegt, durch das die Kanutour führt.

Die französische Besatzung während der Napoleonischen Kriege belastete das Land stark. Die Kontinentalsperre, während der der Handel mit Großbritannien verboten war, machte besonders den Ostseestädten schwer zu schaffen. Durch den Wiener Kongreß wurde die territoriale Gliederung Mecklenburgs nicht angetastet. Einzige Neuerung: Die Herzöge wurden zu Großherzögen ernannt. Das Land behielt seine rückständige Verfassung. Daran änderte auch die Revolution von 1848 nichts. Das zunächst erlassene neue Staatsgrundgesetz wurde bereits 1850 wieder aufgehoben.

Nach dem Beitritt zum Norddeutschen Bund 1866 und der Gründung des Deutschen Reichs 1871 kam es deshalb zu der kuriosen Situation, daß die Mecklenburger zwar den Reichstag mitwählen durften, aber kein Stimmrecht für ihren eigenen Landtag besaßen.

Das Ende der Feudalherrschaft kam erst 1918. Nach dem Ersten Weltkrieg wurden aus den Großherzogtümern Freistaaten. Bereits vor der reichsweiten Machtergreifung herrschte in Mecklenburg die NSDAP. Bei den Wahlen im Juni 1932 erhielt die Partei 49% der Stimmen.

Das nationalsozialistische Regime verfügte im Oktober 1933 die Vereinigung der beiden Freistaaten. Im Zweiten Weltkrieg erlangte besonders Peenemünde auf Usedom militärische Bedeutung. Dort lag das Raketen-Forschungszentrum der Nationalsozialisten. Sowjets und Engländer befreiten Mecklenburg 1945. An der Linie Wismar-Schweriner See-Ludwigslust trafen ihre Truppen aufeinander.

Ab 1946 regierte die SED. Nach Bodenreform und Kollektivierung der Landwirtschaft wurde das Land in die drei Verwaltungsbezirke Schwerin, Rostock sowie Neubrandenburg eingeteilt. Versuche, im Binnenland Industrie anzusiedeln, waren von wenig Erfolg gekrönt. So blieben Landwirtschaft und Werftenindustrie die wichtigsten Wirtschaftszweige.

Aus den drei Verwaltungsbezirken wurde nach der Wiedervereinigung das Bundesland Mecklenburg-Vorpommern mit der Hauptstadt Schwerin gebildet.

Erster Ministerpräsident wurde **Alfred Gomolka** von der CDU, der jedoch bereits im März 1992 sein Amt, nach Querelen um die Privatisierung der Werften des Landes, zur Verfügung stellte. Christdemokrat **Bernd Seite** übernahm den Posten als Landeschef.

Nach den Wahlen von 1994 kam es zur Bildung einer großen Koalition. Dieser folgte eine Regierung aus SPD und PDS mit **Harald Ringstorff** als Ministerpräsident.

Im Juni 1994 stimmten etwa 60% der Mecklenburger Wähler einer neuen Verfassung zu. Gleichzeitig trat eine Gebietsreform in Kraft, die die Zahl der Landkreise auf zwölf reduzierte. Auch der Landkreis **Mecklenburg-Strelitz** entstand. Er entspricht in etwa dem ehemaligen Gebiet des Herzogtums gleichen Namens.

Steckbrief Mecklenburg-Vorpommern

Bevölkerung

Etwa 1,8 Mio. Menschen leben in Mecklenburg-Vorpommern, das mit 78 Einwohnern pro km² das am dünnsten besiedelte deutsche Bundesland ist. Fast die Hälfte der Bevölkerung (42%) leben auf dem Land und lediglich 28% der Einwohner wohnen in den größeren Städten **Greifswald**, **Neubrandenburg**, **Rostock**, **Schwerin** und **Wismar**. Die größte Stadt ist Rostock mit etwa 200.000 Einwohnern.

Fläche

Die Landesfläche beträgt etwa 23.000 km². Ackerflächen haben dabei einen Anteil von etwa 48%, Wälder bedecken weitere 22%, 5,8% der Fläche sind Gewässer.

Natur

Etwa 2.100 Seen gibt es in Mecklenburg-Vorpommern. Der größte davon ist "das kleine Meer", die Müritz, mit einer Fläche von 117 km². Das Wasserstraßennetz ist etwa 2.500 km lang. Der längste Fluß ist die Elde mit 208 km. Es gibt drei ausgewiesene Nationalparks und über 250 Naturschutzgebiete. Die höchste Erhebung stellen die Helpter Berge bei Woldegk dar, deren Gipfel sich 179 m über den Meeresspiegel erheben.

Geografie

Etwa ein Viertel der Fläche Mecklenburg-Vorpommerns entfällt auf die Mecklenburgische Seenplatte. Dieses sichelförmige Gebiet liegt im Süden des Bundeslandes und wird durch eine nördliche und eine südliche Hügelkette (**Endmoränenzüge**) eiszeitlichen Ursprungs begrenzt. Im Westen wird die Mecklenburgische Seenplatte durch den **Schaalsee** abgeschlossen, im Osten läuft sie etwa auf der Höhe von Templin aus.

Sie wird in fünf Gebiete unterteilt. Westlich des Plauer Sees befindet sich die **Sternberger Seenplatte**. An diese schließt sich östlich das **Großseengebiet** an, zu dem auch die **Müritz** zählt. Östlich der Müritz liegt die **Strelitzer Kleinseenplatte**, in der sich die vorgeschlagene Tour hauptsächlich befindet. Daran schließt die **Feldberger Seenlandschaft** an. Nördlich der Gebiete liegt die **Mecklenburgische Schweiz**.

Die Gebiete sind landschaftlich und morphologisch sehr unterschiedlich. Da die vorgeschlagene Tour hauptsächlich durch die Strelitzer Kleinseenplatte und über die Müritz führt, beziehen sich die folgenden Abschnitte vor allem auf dieses Gebiet.

Entstehung der Landschaft

Die heutige Landschaftsform der Mecklenburgischen Seenplatte ist das Ergebnis der Überformung verschiedener Eiszeiten, wobei speziell die jüngste, die Weichsel-Kaltzeit (bis vor etwa 13.000 Jahren), sich prägend auswirkte.

Während dieser Kaltzeit schoben sich von Skandinavien aus mehrere hundert Meter hohe Gletscherzungen in Richtung Süden bis nach Mecklenburg. Dabei wurden in den überfahrenen Gebieten die Gesteine der Oberfläche abgehobelt und zerkleinert und teilweise vor den Gletschern hergeschoben. Es häuften sich riesige Schuttmengen vor den Eismassen an, die bei Stillstand der Gletscher bzw. deren Rückzug als Hügelketten (sogenannte End- oder **Stauchendmoränenzüge**) zurückblieben. Dieser Vorgang wiederholte sich während der Weichsel-Kaltzeit mehrmals. Die Mecklenburgische Seenplatte liegt zwischen zwei solchen Hügelketten, dem südlichen Endmoränenzug des Frankfurter Stadiums und dem des Pommerschen Stadiums, das nördlich der Müritz liegt.

Zum Ende der Kaltzeit wurden die unter dem Eispanzer zu Sand zerkleinerten Gesteinsmassen im Schmelzwasser mitgeführt. Dabei fungierte das Gebiet zwischen den beiden Hügelketten als eine Art Wanne und wurde überflutet. Die mitgeführten Sande wurden dabei großflächig über dem Gebiet abgesetzt und blieben als sogenannte **Sander** zurück.

Entstehung der Seen

Auch die Seen sind das Ergebnis der verschiedenen Vorstöße der aus Skandinavien kommenden Gletscher der **Weichseleiszeit**. Bei der Sanderablagerung wurden die beim vorherigen Vorstoß abgerissenen und noch nicht geschmolzenen Eisreste (sogenannte Toteiskörper) mit Sand überzogen und tauten daher nur sehr langsam ab. Die durch das Abtauen entstehenden Austauhohlformen füllten sich später mit Wasser. Viele der heutigen Seen der Mecklenburgischen Seenplatte werden auf solche Hohlformen zurückgeführt. Sie weisen eine rundliche Form auf und sind relativ flach. Dagegen haben Seen, die auf die direkte Wirkung der eiszeitlichen Gletscher (zum Beispiel ehemalige Gletscherzungenbecken oder vom Schmelzwasser ausgespülte Vertiefungen) zurückzuführen sind, eine eher gestreckte Form und sind relativ tief. Eine solche Rinne ist unschwer an den Seen nördlich von **Mirow** zu erkennen.

Flora und Fauna

Mecklenburg-Vorpommern ist das am dünnsten besiedelte Bundesland Deutschlands, und das Gebiet um die Strelitzer Kleinseenplatte ist zudem eines der am dünnsten besiedelten Gebiete in Mecklenburg-Vorpommern. Ein Grund dafür sind die nährstoffarmen Böden des Gebietes, die für die landwirtschaftliche Nutzung kaum geeignet sind. Infolgedessen blieb eine abwechslungsreiche und ursprüngliche Natur erhalten. Viele Tiere und Pflanzen, die in Deutschland sonst ausgestorben wären, haben hier einen Überlebensraum gefunden. Insgesamt leben an der Strelitzer Kleinseenplatte über 800 verschiedene Pflanzenarten, darunter viele Orchideenarten, aber auch Farne und Moose.

Außerdem ist das Gebiet mit mehr als 200 **Vogelarten** ein Paradies für Ornithologen. Beispielsweise trifft man relativ häufig auf den wunderschönen Eisvogel und mit etwas Glück können auch Seeadler, Störche oder Kraniche beobachtet werden.

An der Seenplatte sind auch **Otter** heimisch. Sie sind aber sehr scheu und man bekommt sie nur selten zu Gesicht.

In den Wäldern sind unter anderem Wildschweine und Damwild zu Hause. In den Seen wimmelt es von Fischen.

Wälder

Das Gebiet um die Strelitzer Kleinseenplatte würde heute mit einem dichten Buchen-Urwald bewachsen sein, hätte der Mensch nicht in den Naturhaushalt eingegriffen. Jahrhundertelang haben die Bewohner des Gebietes den Wald zur Bau- und Brennholzgewinnung genutzt. Erst als sich vor etwa 200 Jahren der Wald zu lichten begann, wurde mit einer systematischen Aufforstung begonnen. Dabei spielte die Kiefer die Hauptrolle, da diese mit den sandigen und nährstoffarmen Bedingungen im Gebiet sehr gut zurecht kommt. Um die Jahrhundertwende kamen auch nicht heimische Baumarten wie Fichte, Lärche, Douglasie oder Roteiche hinzu, die eine höhere Holzproduktion versprachen.

Diese Baumarten beherrschen heute weite Teile des Gebietes, wobei die Kiefer dominiert. Sie ist auf etwa zwei Drittel der Waldfläche zu finden.

Während der Kanutour werden Ihnen aber auch Schwarzerlen und Moorbirken begegnen, die bei ausreichender Bodennässe, also in Senken und an Seeufern, Bruchwälder bilden. Im Gegensatz zu anderen Bäumen, die an solchen Standorten an Wurzelfäule eingehen würden, vertragen sie Nässe sehr gut. Im Verbund mit solchen Bruchwäldern sind oft ausgedehnte Schilf- und Seggenfelder zu beobachten.

Im Gebiet kann Rot- und Damwild beobachtet werden. Genauso wie das Wildschwein halten diese sich aber lieber in den Buchenwäldern auf. Sollten sie einem Wildschwein begegnen, ist Vorsicht angebracht. Speziell im Frühjahr nach der Geburt der Frischlinge sind die Bachen sehr wachsam und auf einen Kampf mit Ihnen sollte man sich nicht einlassen.

In den Kiefernwäldern wurden vor etwa 60 Jahren **Mufflons** (Wildschafe) angesiedelt. Im Herbst kämpfen die Böcke um die Weibchen, wobei Sie mit ihren gedrehten Hörnern mit voller Wucht aufeinanderprallen. Der Kampflärm ist weit zu hören. In der Abenddämmerung sind über den Seen oder am Waldrand oft Fledermäuse zu sehen.

Seen

Die Strelitzer Kleinseenplatte besteht aus mehreren hundert kleinen Seen, und es können verschiedene Seentypen unterschieden werden. Neben der unterschiedlichen Entstehung werden sie auch nach Beckengestalt, Nährstoffversorgung und Wasserversorgung differenziert.

In der Strelitzer Kleinseenplatte finden sich sogenannte Durchströmungs- bzw. **Quellseen** sowie Flußseen.

Die Durchströmungs- bzw. Quellseen werden hauptsächlich aus Grundwasser und Quellen gespeist und sind nährstoffarm und kalkreich. Hier können bis in eine Tiefe von etwa 8 bis 10 m Algen und Unterwasserrasen wachsen, die vielen Muschel- und Krebsarten als Lebensraum dienen.

Die meisten der Seen im Tourgebiet sind jedoch Flußseen. Wie der Name schon sagt, werden sie von einem Bach oder Fluß durchflossen. Paradebeispiele sind Pagelsee, Zotzensee oder Jäthensee. Diese Seen sind eigentlich kalk- und nährstoffarm. Die Sichttiefe geht kaum über 4 m hinaus. In ihnen können sich hervorragend See- und Teichrosen bilden, und es existiert eine vielfältige Tierwelt.

Die Seen in der Strelitzer Kleinseenplatte sind von Natur aus **Klarwasserseen**. Das heißt, Licht kann bis in große Tiefen eindringen und von dort wachsenden Unterwasserpflanzen genutzt werden, die die vorhandenen Nährstoffe aufbrauchen und die Sauerstoffversorgung ganzjährig sichern. Algen können sich hier nur in geringem Umfang bilden.

Solche Seen können jedoch zu **Trübwasserseen** werden, wenn es durch erhöhten Nährstoffeintrag (durch Überdüngung der Felder, Auspuffgase im Regen) zu einer Algenblüte kommt. Beim Abbau der abgestorbenen Algenmasse wird der Sauerstoff im See aufgebraucht und es kommt zu Faulschlammbildung und Sauerstoffknappheit. Für viele Tiere scheiden diese

Seen dann als Lebensraum aus. Ein Beispiel für einen solchen Trübwassersee ist der Woterfitzsee.

Die Gewässer sind ausgesprochen fischreich: Barsch, Hecht, Schleie oder Zander sind hier heimisch. Daneben finden sich auch die mit den Lachsen verwandten **Maränen** und weitere **Fischarten**.

Die **Europäische Sumpfschildkröte** hat hier eines ihrer letzten Refugien gefunden. Das heute fast ausgestorbene Panzertier lebt in pflanzenreichen Seen und Flüssen und ist sehr scheu. Sie müssen schon großes Glück haben, wenn sie einem in freier Wildbahn begegnen wollen.

Ähnliches gilt für den **Fischotter**. Dieser findet hier ideale Lebensbedingungen vor und in der Strelitzer Kleinseenplatte sowie besonders in der Feldberger Seenlandschaft werden stabile Bestände registriert. Der Fischotter ist allerdings recht scheu und dämmerungs- bzw. nachtaktiv. Nur selten bekommen Kanuten einen der verspielten Wassermarder zu Gesicht.

Häufiger anzutreffen ist die völlig harmlose und ungiftige Ringelnatter. Diese Schlangen werden bis zu 2 m lang, haben eine graue bis schwärzliche Farbe und sind gut an den beiden charakteristischen gelben Nackenflecken zu erkennen. Sie sonnen sich gern auf Steinen oder schwimmen. Ruhig Blut, wenn sie einer **Ringelnatter** begegnen. Das schlimmste was passieren kann ist, daß diese ein übelriechendes Sekret abgibt. Meist wird sie aber flüchten oder sich totstellen!

Vögel

Über 200 Vogelarten sind im Gebiet heimisch - vor allem viele Wasservögel sind zu beobachten: verschiedene Enten-, Gänse- und Taucherarten haben im Gebiet ihre Rast- und Sammelplätze. Mit etwas Geduld werden Sie an den Seen einige Reiher oder Kormorane sehen und an den Verbindungskanälen auf Eisvögel treffen.

Der äußerst störungsempfindliche **Kranich** braucht für die Brut ausgedehnte Erlenbrüche und Röhrichtzonen. Noch etwa 30 bis 40 Paare der vom Aussterben bedrohten Kraniche brüten hier. Zu erkennen ist der langbeinige graue Schreitvogel an der roten Scheitelplatte. Während der Balz stößt er einen trompetenartigen Ruf aus.

Weitere Bewohner der Bruchwälder entlang der Seen sind Kleinspecht, Buntspecht und Wendehals. Auch Störche, verschiedene Rallenarten, Sumpfohreule, Rauhfußbussard und Flußregenpfeifer leben hier.

Besondere Erwähnung gebührt den **Adlern**. See- und Fischadler sind die einzigen auf Gewässer angewiesenen Greifvögel in Deutschland. Es ist daher kein Wunder, daß die stark bedrohten Vögel an der Mecklenburgischen Seenplatte noch nisten.

Dabei sind vor allem die störungsempfindlichen **Fischadler**, die gern auf weithin sichtbaren Hochspannungsmasten nisten, eine regelrechte Touristenattraktion des **Müritz-Nationalparks** geworden, in dem mehrere Fischadlerbeobachtungsplätze eingerichtet wurden. Fischadler werden etwa 60 cm groß und haben eine Flügelspannweite von bis zu 170 cm. Charakteristisch ist ihr weißes Brustgefieder sowie der weiße Kopf, der durch einen schwarzen Augenstreif gezeichnet ist. Seine Beute, zumeist Fische, fängt er im Stoßflug, eine bei europäischen Greifvögeln einmalige Fangmethode. Dabei stößt er aus dem Flug heraus mit angelegten Flügeln zur Wasseroberfläche hinunter und streckt erst kurz vor dem Wasser seine Fänge weit nach vorne, um die Beute zu packen. Im Winter ziehen die Fischadler ins warme Afrika.

Der **Seeadler** ist größer und aufgrund seiner Nistgewohnheiten für den Touristen nicht so präsent wie der Fischadler. Er baut sein Nest zumeist auf hohen alten Bäumen am Waldrand. Die Flügelspannweite der Vögel mißt bis zu 240 cm und ihr Gewicht liegt zwischen 4 und 7 kg. Der ausgewachsene Seeadler ist gut an seinem braun-grauen Gefieder sowie den weißen Schwanzfedern zu erkennen. Auch der Seeadler ernährt sich hauptsächlich von Fischen, aber auch von Wasservögeln, kleinen Säugetieren und Aas. Seeadler jagen auch anderen Greifvogeln, insbesondere Fischadlern, die Beute ab.

☺ An der Strelitzer Kleinseenplatte lebt auf engem Raum eine sehr vielfältige Vogelwelt. Es lohnt sich auch für den ornithologischen Laien, ein Fernglas mit auf die Fahrt zu nehmen. Bei der Vogelbeobachtung sollte aber immer ausreichend Abstand eingehalten werden, da sich die meisten Vögel leicht gestört fühlen.

Klima

Das Gebiet um die Strelitzer Kleinseenplatte liegt im Einflußbereich des sogenannten Mecklenburgisch-Brandenburgischen Übergangsklimas. Das heißt, hier überlagern sich maritime westeuropäische Klimaeinflüsse (mit eher ausgeglichenen Temperaturen) und kontinentale osteuropäische Wetterphänomene (mit relativ hohen jahreszeitlichen Temperaturschwankungen).

Für die Strelitzer Kleinseenplatte und die Müritz folgt daraus ein gemäßigtes Klima mit abwechslungsreichem Wetter und oft heißen Sommern. Dabei wirken die Wassermassen der Müritz stabilisierend auf das Wetter. Im Sommer kann es abends zu Sommergewittern kommen.

Die beste **Reisezeit** ist zwischen Mai und September. Speziell die Monate Mai, Juni und September sind zu empfehlen, wenn man Wert auf Ruhe und Abgeschiedenheit legt. Während der Sommerferien kann es an den Schleusen zu Wartezeiten kommen. Aber auch dann findet sich immer noch ein Plätzchen, an dem man der Hektik entgehen kann.

Im Sommer weht der Wind meist aus westlicher Richtung, am stärksten im Juli. Dies ist auch der Monat mit der höchsten Durchschnittstemperatur.

☺ Das aktuelle Wetter und die Aussichten für die Müritzregion und die Strelitzer Kleinseenplatte können unter <www.mueritz-online.de> abgefragt werden.

Müritz-Nationalpark

Schon vor über 50 Jahren gab es Bestrebungen, im Gebiet um die Müritz die Natur zu schützen. In der DDR gab es Landesteile, die der Öffentlichkeit nicht komplett zugänglich waren. In ihnen hat sich teilweise eine sehr ursprüngliche Natur erhalten. Während der Übergangszeit gab es Bestrebungen, diese Gebiete unter Naturschutz zu stellen, und nach dem Engagement einer Bürgerinitiative wurden noch von der Übergangsregierung **Lothar de Maiziéres** fünf Nationalparks ausgewiesen, darunter der Müritz-Nationalpark. Im Einigungsvertrag wurde der Park unter die Aufsicht Mecklenburg-Vorpommerns gestellt.

Auf einer Fläche von 322 km^2 bietet der Müritz-Nationalpark eine vom Menschen nur wenig beeinflußte Landschaft. Der Nationalpark ist Lebensraum für viele vom Aussterben bedrohte Tiere und Pflanzen. Dieser soll geschützt und in ihm der ungestörte Ablauf der Natur gewährleistet werden. Der Nationalpark soll aber auch der Erholung und Bildung der Bevölkerung dienen. Aufgrund dieses Nutzungskonfliktes sowie der bestehenden Nutzung ist eine vom Menschen unbeeinflußte Natur nur sukzessive zu erreichen. Im Nationalpark gibt es daher drei Schutzzonen mit unterschiedlichen Nutzungsgraden.

Schutzzone 1 (Kernzone):
Hier ist keine wirtschaftliche Nutzung erlaubt und die Natur hat absoluten Vorrang.

Schutzzone 2 (Pflegezone):
Zur Pflege des Landschaftsbildes und des Arten- und Biotopschutzes werden hier Wiesen und Weiden erhalten und extensiv bewirtschaftet.

Schutzzone 3 (Entwicklungszone):
In dieser Zone wird auf die Belange der Bewohner Rücksicht genommen. Die Flächen sollen mittel- bis langfristig, unter anderem durch Renaturierungsmaßnahmen, in einen naturnahen Zustand überführt werden.

☺ Wer sich vorab noch weiter informieren will, kann dies auf der interessanten Internetseite des Nationalparkamtes tun:
<www.nationalpark-mueritz.de>

Wirtschaft

Die wirtschaftliche Situation Mecklenburg-Vorpommerns stellt sich alles andere als rosig dar. Die Arbeitslosenquote lag 2001 bei über 18%, und es war wenig Bewegung auf dem Arbeitsmarkt zu erkennen. Von den Arbeitslosen werden knapp 30% als Langzeitarbeitslose eingestuft.

Schon zu DDR-Zeiten waren Versuche, im Binnenland eine leistungsfähige Industrie aufzubauen, fehlgeschlagen. Die Standbeine damals waren die Werften an der Ostsee und die landwirtschaftliche Produktion.

Der **Schiffbauindustrie** fehlten nach der Wiedervereinigung zunächst die gewohnten Aufträge der östlichen Märkte sowie die Rüstungsaufträge. Aber nicht nur die schlechte Auftragslage, sondern auch die Veruntreuung von Subventionen durch den westdeutschen Vulkan-Konzern machten den

Werften zu schaffen. Dieser mußte 1995 Konkurs anmelden und die ostdeutsche Schiffbauindustrie stand damit praktisch vor dem Aus. In einer "Rettungsaktion" übernahm das Land Mecklenburg-Vorpommern die Werften und privatisierte sie ein zweites Mal. Nach einer weiteren Finanzspritze in Milliardenhöhe sind die vier noch bestehenden Werften heute in einem wirtschaftlich gesunden Zustand und bieten verhältnismäßig sichere Arbeitsplätze.

Lustige Strohballenpuppe

Auch Land-, Forst- und Fischereiwirtschaft spielen, speziell an der Mecklenburgischen Seenplatte, nach wie vor eine bedeutende Rolle. Vor allem der Wald entwickelt sich zu einem wichtigen Wirtschaftsfaktor. Durch den guten und gesunden Baumbestand in Mecklenburg-Vorpommern können ihm Hölzer entnommen werden, die auf Wertholzauktionen sehr hohe Preise erzielen. Zum anderen ist der Wald ein Anziehungspunkt für Touristen.

Auf den **Tourismus** werden in Mecklenburg-Vorpommern wie an der Seenplatte große Hoffnungen gesetzt. Schon jetzt ist er ein bedeutender Wirtschaftsfaktor. 6% der Beschäftigten arbeiten in der Tourismusbranche. Vor allem die Ostseestrände und die mecklenburgischen Seen sind touristische Attraktionen. Mecklenburg-Vorpommern ist hinter Bayern inzwischen das zweitbeliebteste deutsche Urlaubsland. Bezogen auf touristische Übernachtungen pro Einwohner liegt Mecklenburg-Vorpommern sogar mit weitem Vorsprung an erster Stelle.

Altstadtstraße in Waren
Reise-Infos
von A bis Z

Angeln

Karpfen mit einem Gewicht von 12 kg und 10 kg schwere **Hechte** sind kein Thema, versprechen die zuständigen Fischereien. Aale, Barsche, Maränen, Plötze, Zander und andere **Fischarten** tummeln sich in den Gewässern - für Angler ein Paradies. Voraussetzung zum "Wurmbaden" ist ein gültiger Bundesfischereischein sowie eine Angelkarte. Diese gibt es nicht nur bei den im folgenden aufgelisteten "Hausherren" der Seen, sondern teilweise auch an Campingplätzen oder in Sportläden.

- Die Gewässer im Landkreis Waren verwaltet die Fischerei Müritz-Plau GmbH, Am Seeufer 73, Waren, ☎ 03991/62260, FAX 03991/622621. Dort gibt es Angelkarten für die Müritz.

Die Angelkarten für die meisten Seen der Strelitzer Kleinseenplatte vergibt die Fischerei "Obere Havel" Wesenberg. Die Seen verteilen sich auf vier Meisterbereiche:

- Fischermeister Uwe Hagen, Mühlenstr. 21, Mirow, ☎ 039833/20423, vergibt Angelkarten für Leppinsee, Großen und Kleinen Kotzower See, Granzower Möschen, Mirower See, Woterfitz-, Zotzen-, Mössen- und Vilzsee.
- Den Meisterbereich Canow verwaltet Wolfgang Bork, Canow, ☎ 039828/20476. Rätzsee, Gobenowsee, Klenzsee, Labussee, Canower See sowie Großer und Kleiner Pälitzsee fallen in seine Zuständigkeit.
- Fischermeister Torsten Hagen, bei der Hausbrücke, Ahrensberg, ☎ 039832/20230 verwaltet Plätlinsee, Ellbogensee, Großer Priepertsee, Wangnitzsee und Drewensee.
- Angelscheine für den Woblitzsee, den Useriner See und den Großen Labussee bei Dieter Bork, Fischereihof, Wesenberg, ☎ 039832/20268.
- Für die Havelquellseen, Käbelicksee, Granziner See, Pagelsee und den Havellauf gibt es Angelkarten bei den Fischern Berkholz & Berkholz, Dorfstraße 5, Kratzeburg, ☎ 039822/20273-07.

Anreise

Von Hamburg/Bremen über die A 24 in Richtung Berlin, am Autobahndreieck Wittstock auf die A19 in Richtung Rostock bis Abfahrt Röbel.

Von dort auf der B198 über Mirow und Wesenberg nach Neustrelitz. Der B193 etwa 7 km in Richtung Waren folgen, dort die Abzweigung zum Nationalpark/Kratzeburg nehmen.

Aus Richtung Berlin ebenfalls die A 24 bei Wittstock verlassen, dann wie oben.

Kratzeburg liegt auf der Strecke Waren-Neustrelitz, die direkte Verbindungen nach **Berlin** und **Rostock** hat. Die Bahn transportiert keine Kanus.

Ausrüstung

Das auf einer Kanutour Regenzeug, Schlafsack und Zelt nicht fehlen dürfen, soll hier nicht weiter ausgebreitet werden. Nur einige Tips:

▷ Für den Transport im Kanu sind wasserdichte Packsäcke und Plastiktonnen in verschiedenen Größen praktisch. Viel Geld können Sie sparen, wenn Sie statt spezieller Kanuausrüstung Maischetonnen aus dem Baumarkt kaufen.

▷ Fahrradhandschuhe schützen vor Blasen an den Händen.

▷ Unterschätzen Sie nicht die Wirkung der Sonne, wenn Sie über Wasser fahren. Darum auf keinen Fall Sonnencreme und -brille sowie eine Kopfbedeckung vergessen.

▷ Führen Sie immer ein Reservepaddel mit.

Campingplätze

Entlang der Seen gibt es ausreichend viele Zeltplätze, so daß verbotenes wildes Campen nicht notwendig ist. Die Preise fürs Zelten variieren nur wenig. Üblicherweise wird eine Gebühr pro Person, Zelt und Kanu fällig. Zwei erwachsene Personen zahlen meist um € 10 bis 13 pro Tag.

Essen und Trinken

Selbstversorger

Im Großen und Ganzen ist es problemlos möglich, sich während der Fahrt mit Lebensmitteln zu versorgen. An den meisten Campingplätze kann das Notwendigste gekauft weden (wo nicht, ist darauf hingewiesen), und im Kanu ist es leichter als beim Wandern, einen Vorrat mitzunehmen. Brötchen für den nächsten Morgen müssen meistens in den Zeltplatz-Läden bestellt werden. Supermärkte gibt es nur in den größeren Orten. Wichtig ist es, einen Campingkocher, Geschirr und Besteck mitzuführen.

Landestypische Gerichte

Die Küche Mecklenburg-Vorpommerns ist bäuerlich geprägt. Landwirtschaft und Fischerei haben einen deutlichen Einfluß auf die Speisekarte. Als Grundelemente gelten Fisch und Fleisch, Kartoffeln, Kohl und Milchprodukte. Diese werden auf verschiedenste Art zubereitet. So wird Fisch gedünstet, gebraten oder zu Suppe verarbeitet, zum Beispiel zum "Aalpott". Eine typische Spezialität aus Gänseklein wird "Gänseweißsauer" genannt und als Sülze serviert. Den "Mecklenburger Graupentopf" sollte probieren, wer Hühnerfleisch mag. Zum Nachtisch gibt es in Mecklenburg-Vorpommern typischerweise Grießpudding, Grütze oder Blechkuchen und einen starken Kaffee.

An der Seenplatte ist insbesondere Räucherfisch weit verbreitet. Während einer Wasserwanderfahrt kommen Kanuten häufig an Verkaufsbuden von Fischern vorbei.

Fahrradfahren

Die Mecklenburgische Seenplatte ist nicht nur ein Paradies für Kanufahrer. Wer Abwechslung vom Paddeln sucht, hat die Möglichkeit, das abwechslungsreiche Wald- und Seengebiet mit dem Fahrrad zu erkunden. Fahrradverleih und Reparaturservice gibt es in mehreren Orten, z.B. Wesenberg, Granzow, Mirow, Neustrelitz (☞ Ortsbeschreibungen).

Ein 60 km langer Rundweg startet in Wesenberg. Er verläuft überwiegend auf asphaltierten Straßen und auf dem Radfernweg Mecklenburgische Seenplatte. Von Wesenberg aus führt ein gekennzeichneter Radweg am "weißen

See" entlang zunächst nach Zwenzow. Von Zwenzow aus geht es weiter über Kakeldütt, Blankenförde, Babke, Schillersdorf, Qualzow und Granzow nach Mirow. Der Weg führt am Ufer des Mirower Sees entlang zum Torhaus und der berühmten Hubschleuse. Weiter geht es über Starsow, Schwarz, Schwarzerhof, Diemitz, Canow, Neu Canow und Seewalde zurück nach Wesenberg. Auf dem langen Weg gibt es einige Kirchen aus dem 18. Jh. zu bewundern sowie die Schleusen in Mirow, Diemitz und Canow.

Wer lieber kürzere Strecken fährt, kann z.B. 23 km zum Mirower Holm fahren, der teils auf witterungsabhängig befahrbaren Wegen verläuft. Der Weg führt vom Torhaus Mirow über Peetsch, Fleether Mühle, Diemitzer Schleuse, Schwarzerhof, Schwarz und Holm, Hohe Brücke zurück nach Mirow. Auf dem Weg ist die Fleether Mühle sehenswert sowie die Kirchen in Diemitz und Schwarz, die beide aus dem 18. Jahrhundert stammen.

Eine dritte reizvolle Tour führt von Neustrelitz zu den Havelquellen. Dieser Weg ist 42 km lang und führt größtenteils über witterungsabhängig befahrbare Wege aber auch über asphaltierte Straßen. Sie starten in Neustrelitz. Vom Markt aus nehmen Sie die Schloßstraße, fahren an der Promenade weiter bis zur Useriner Straße. Von der Schloßkoppel geht es dann nach Lindenberg und über Prälank, Langhagen, Kratzeburg und Dambeck zu den Havelquellseen. Zurück führt der Weg über Pieverstorf, Hartwigsdorf, Klein Vielen, Peckatel, Hohenzieritz und Carlshof zur Badestelle Langer See. Nach dem Baden kommt man über die Adolf-Friedrich-Straße, Louisenstraße und Glambecker Straße zurück zum Markt in Neustrelitz.

☺ Zur genaueren Information hat der Landkreis Mecklenburg-Strelitz fünf Hefte "Radwandern" herausgegeben, die in den Touristen-Informationszentren erhältlich sind.

FKK

Die Freikörperkultur ist im Osten Deutschlands weiter verbreitet als im Westen. Auch für FKK-Liebhaber ist es problemlos möglich, an der Seenplatte Kanu zu fahren. Eine Vielzahl von Campingplätzen steht zur Verfügung. Es dürfen allerdings in der Regel auch "zugeknöpftere" Wasserwanderer für einige Nächte auf den Zeltplätzen der Nudisten campieren.

Handy-Netz

Seit 2000 steht 2 km südlich von Speck (von Boek aus mit dem Bus zu erreichen) auf dem Käflingsberg ein 55 m hoher Turm der Deutschen Telekom, um das Mobilfunknetz auszuweiten. Von dort hat man auch einen schönen Ausblick; bei guter Sicht reicht der Blick von Waren bis nach Kratzeburg. Den Touristeninformationen zufolge ist im gesamten Gebiet das Telefonieren mit Handys möglich. Wir hatten allerdings auf dem Campingplatz Am Mössensee Probleme mit dem Empfang.

Kanadier oder Kajak?

Im allgemeinen Sprachgebrauch werden oft Kanu und Kanadier gleichgesetzt. Dabei bezeichnet der Oberbegriff Kanu sowohl Kanadier als auch Kajak. Welches Boot für Sie das Richtige ist, hängt davon ab, was Sie vorhaben.

Kanadier werden mit einem Stechpaddel fortbewegt. In diesen offenen Booten sitzt man aufrecht mit angewinkelten Beinen oder kniet. Die Sitzposition kann also variiert werden. Dagegen wird das geschlossene Kajak mit Hilfe eines Doppelpaddels fortbewegt. Hier sitzt man mit ausgestreckten Beinen auf einem flachen Sitz.

Das windbeständigere Kajak ist schneller als ein Kanadier. Allerdings wird das Doppelpaddel die ganze Zeit vor dem Körper gehalten, so daß die Arme schneller ermüden. Bei einer gemütlichen Wanderfahrt kann also ein Kanadier vorteilhaft sein. Dafür spricht auch, daß es gerade bei längeren Touren oft wichtig ist, viel Gepäck im Boot verstauen zu können und an dieses auch einigermaßen schnell heranzukommen, was im Kanadier kein Problem darstellt. Im Kajak kann dagegen nur wenig Gepäck verstaut werden, so daß bei längeren Touren Teile außen angebunden werden müssen. Kajaks gibt es für ein bis zwei Personen. Kanadier sind in verschiedenen Größen für bis zu zehn Personen erhältlich.

"Ostalgie" am Campingplatz Zotzensee

Kanufahren im Nationalpark

Für Wasserwanderer gelten auf den Seen im Müritz-Nationalpark besondere Befahrensregeln:

- ▷ Grüne Tonnen markieren vorgeschriebene Fahrrinnen.
- ▷ Gelbe Tonnen sperren Gewässerbereiche ab, die nicht befahren werden dürfen.
- ▷ In regelmäßigen Abständen befinden sich ausgewiesene Rastplätze mit Informationstafeln und Karten. Außerhalb der ausgewiesenen Zelt- und Rastplätze gilt ein generelles Anlandeverbot.
- ▷ Auf und an den Rastplätzen darf nicht gezeltet werden.
- ▷ Halten Sie ausreichend Abstand zum Ufer, und fahren Sie nicht in die Röhrichtbestände und andere dicht bewachsene Uferbereiche. Gerade diese Biotope sind Heimstatt vieler seltener Pflanzen und Lebensraum verschiedener gefährdeter und störungsempfindlicher Tierarten.
- ▷ Vogelansammlungen sind weiträumig zu umfahren.
- ▷ Vermeiden Sie das Überfahren von besonders flachen Gewässerpartien oder von Pflanzenbeständen. Sie sind die "Hochzeits- und Kinderstube" vieler Fischarten.
- ▷ Tragen Sie dazu bei, das Wasser und die Ufer sauber zu halten. Abfälle gehören deshalb in den Müll.
- ▷ Organisierte Gruppenfahrten sind genehmigungspflichtig. Sie müssen beim Nationalparkamt angemeldet werden. Die Gruppengröße sollte acht Boote nicht übersteigen.

Hinweis: Von der beschriebenen Kanutroute verlaufen die 1., 2. und 6. Etappe innerhalb des Nationalparks.

Kanuvermietung

An der Seenplatte gibt es zahlreiche Kanuverleihe, so daß ein Start an fast jedem Ort der beschriebenen Tour möglich ist. Adressen und Telefonnummern sind an den jeweiligen Orten aufgeführt. Zudem vermieten auch viele Campingplätze Boote in allen möglichen Größen. Die großen Anbieter organisieren außerdem geführte Fahrten oder geben vor dem Start eine Einweisung in die wichtigsten Schlagtechniken. Am Startpunkt in Kratzeburg gibt es zwei Verleiher. Als Beispiel hier die Preise der beiden Vermieter.

- Bootsvermietung Hecht, ☏ + FAX 039822/20241. Wer mit der Bahn anreist, wird vom netten Ehepaar Hecht, das auch viel über die Umgebung zu berichten weiß, kostenlos vom Bahnhof abgeholt. Wer mit dem Auto kommt, kann bei Hechts kostenlos parken. Ein kleiner Kanadier (2 Personen) kostet für 1 Tag € 20, 2 Tage € 37 und 1 Woche € 95. Ein großer Kanadier wird für 1 Tag € 23, 2 Tage € 43, 7 Tage € 110 vermietet. Inklusive sind Schwimmwesten und wasserdichte Gepäcktonnen. Wer keine Rundtour machen möchte, kann sich und das Boot für 70 Cent pro Kilometer vom Zielort abholen lassen.
- Campingplatz Naturfreund, ☏ 039822/20285-53. 500 m vor dem Campingplatz kann kostenlos geparkt werden. Für 1 Tag € 25, 2 Tage € 45, 7 Tage € 100 werden hier Kanadier vermietet. Wer sein Boot in Wesenberg, Fürstenberg oder Neustrelitz abgibt, zahlt einen Aufschlag von € 10. Ab 5 Booten können auch individuelle Abholorte vereinbart werden. Auch beim Campingplatz Naturfreund sind Gepäcktonnen und Schwimmwesten in der Kanumiete enthalten.

Karten

Es gibt viele gute Karten von den Seen, leider keine in einem vernünftigen Maßstab, auf der das gesamte Tourgebiet verzeichnet ist - entweder fehlt die nördliche Müritz oder Kratzeburg.

▷ Wir haben zumeist die Wasserwanderkarte "Strelitzer Seenplatte", 1:50.000, aus dem Studio Verlag, ISBN 3-932115-04-X, benutzt. Dort ist die komplette Tour ohne den Müritz-Abstecher drauf. Die Anschlußkarte aus demselben Verlag für die Müritz-Etappen ist "Vom Plauer See zur Müritz" betitelt, ISBN 3-932115-09-0.

▷ Einen detaillierteren Maßstab (1:35.000) haben die Rad-, Wander- & Gewässerkarten aus dem Verlag "Grünes Herz". Um das gesamte Gebiet abzudecken, müssen jedoch drei Karten (je Karte ca. € 4) erworben werden,

▷ Wasserwanderatlas "Mecklenburgische Gewässer", Kompass Verlag, Maßstab von 1:100.000. ca. € 12,95, ISBN 3-85491-608-6.

▷ Sehr genau, mit wertvollen Hinweisen und vielen kleinen Detailkarten von Schleusen und Umtragestellen ist die Wassersportwanderkarte Nr. 6 "Mecklenburger Seenplatte" im Maßstab 1:100.000. Auf der Rückseite ist die Karte Deutschland-Nordost im Maßstab 1:450.000 abgedruckt. Jübermann-Verlag, € 9,60, ISBN 3-929540-16-9. 💻 <www.juebermann.de>

Kleine Kanadierschule

Einzige Voraussetzung für das Kanufahren ist das Freischwimmerabzeichen. Noch ein paar Tips vorweg:

Wer sitzt wo?

Der erfahrenste bzw. kräftigste Paddler sollte seinen Platz hinten im Boot haben, da er das Boot lenkt. Der Vordermann gibt die Schlagzahl an und soll auf Hindernisse im Wasser achten.

Beladen des Kanus

Das Gepäck sollte gleichmäßig im Boot verteilt werden, um leicht Gleichgewicht und den Kurs halten zu können. Bedenken Sie dabei auch Ihr unterschiedliches Körpergewicht. Die schweren Gepäckstücke positioniert man am besten in der Mitte des Bootes.

Sitzposition

Bei ruhiger See nimmt man eine sitzende Position ein, in der die Beine angewinkelt aber auch ausgestreckt werden können. Bei starkem Wind oder Wellengang empfiehlt es sich dagegen, knieend zu paddeln. Das Boot ist so leichter beherrschbar, da die Schläge kräftiger ausgeführt werden können.

Einsteigen

Sie sollten das Kanu parallel zum Steg oder Ufer bringen. Nun setzen Sie ein Bein in die Mitte des Kanus und übertragen den Körperdruck auf das Boot, indem Sie die Bootsränder auf gleicher Höhe mit den Händen umfassen.

Anschließend das Gewicht auf das im Boot befindliche Bein verlagern und das andere nachziehen.

Grundschläge

Beim Grundschlag wird das Paddel senkrecht ins Wasser eingesetzt und parallel zum Boot nach hinten gezogen. Dabei zieht der untere Arm, während der oberer Arm drückt. Vorteilhaft ist es, wenn der Oberkörper leicht nach vorn gebeugt und mitgedreht wird. Sie sollten auf gegensätzlichen Seiten paddeln, da so Kurs und Boot stabilisiert werden. Der Hintermann ist für das Steuern zuständig, indem er sein Paddel wie eine Pinne (Ruder) im Segelboot nutzt. Sportlicher wirkt es natürlich, wenn Sie den Kurs direkt aus dem Schlag heraus korrigieren und nicht den Schlagrhythmus des Vordermannes durcheinanderbringen. Dafür gibt es weitere ausgefeilte Schlagtechniken.

♦ Kanuwandern, Rainer Mareik, OutdoorHandbuch Bd. 11, Basiswissen für Draußen, 122 Seiten, 50 Skizzen und Abb., ISBN 3-89392-111-7, € 7,90.

Kunstring

Am und im Müritz-Nationalpark gibt es den sogenannten Kunstring. Durch bisher knapp 50 Kunstwerke und Plastiken aus regionalen Naturprodukten wollen die Initiatoren die Einzigartigkeit der Landschaft hervorheben und ihre Schutzwürdigkeit unterstreichen. Die Kunstwerke wurden von verschiedenen Künstlern gefertigt und sind über das ganze Gebiet verteilt.

☺ Wer Lust hat, sich mit dem Kunstring etwas näher auseinanderzusetzen, kann dies mit dem Faltblatt "Der Kunstring am Müritz-Nationalpark" tun, das in den Touristen-Informationen ausliegt.

Mücken und Bremsen

Die wohl blutrünstigsten Bewohner der Strelitzer Kleinseenplatte sind die Mücken. Sie finden ideale Lebensbedingungen vor und können dem geschafften Kanuten an manchen Tagen durchaus den wohlverdienten Feierabend verleiden. Trotz allem stellen diese nachtaktiven Insekten kein größeres Problem dar. Einige Tips:

- Am Abend lange und helle Kleidung tragen.
- Das Zelt an einer möglichst windigen Stelle aufstellen und schon vor der Abfahrt die Moskitonetze des Zeltes auf Löcher kontrollieren.
- Eine Mücken abhaltende Lotion (z.B. Autan) auf die Haut auftragen.
- Eine Salbe für "danach" (z.B. Soventol) kann Wunder wirken.

Im Gegensatz zu Mücken sind Bremsen am Tag und zwar besonders an schilfumwucherten Seen und Flüssen aktiv. Sie nähern sich lautlos, und oft bemerkt man ihre Anwesenheit erst, wenn sie zustechen. Gegen Bremsen und ihre Stiche wirken dieselben Mittel wie gegen Mücken. Bremsen sind ziemlich träge. Daher nicht mit den Armen "rumfuchteln", sondern setzen lassen und dann...

Schleusenzeiten

Die Schleusen-Betriebszeiten an der **Strelitzer Kleinseenplatte** sind:
1.4. bis 30.9, täglich 7:00 bis 20:00.
1.10. bis 30.11, täglich 8:00 bis 16:00.
1.12. bis 31.03, kein Betrieb.

Transport

Die Verkehrsgesellschaften an den Seenplatten sind gut auf wasserwandernde Touristen eingestellt. Die Busse der **"Fischadler-Linie"** nehmen auf einem Anhänger Kanus mit. Sie fahren von Juni bis Mitte September. Drei Mal täglich wird die Strecke von Mirow bis Granzin und zurück befahren. Von Neustrelitz über Granzin nach Kratzeburg und Boek fährt der Bus einmal täglich.

Kanus und Fahrräder können auf einem Anhänger mitgenommen werden. Eine Tageskarte kostet € 6, ermäßigt € 3, Kanus € 5.

Familienidyll

Die Busse der "Fischadler-Linie" steuern unter anderem Jugendherberge, Schleuse, Wasserwanderrastplatz (Schloß) und die Seesiedlung in Mirow, im weiteren Granzow, Babke, den Pagelsee sowie die Gaststätte und den Töpferhof Granzin an. Dort ist 9:50 das Umsteigen nach Kratzeburg möglich. Dafür ist der erste Bus der Linie zu nehmen, der 8:37 an der Jugendherberge Mirow losfährt. Der Bus der Linie von Neustrelitz über Userin, Useriner Mühle, Zwenzow, Blankenförde, Babke, Pagelsee, Dalmsdorf und Kratzeburg (weiter nach Ankershagen) startet am ZOB 8:33. In umgekehrter Richtung fährt er 15:06.

So ist es relativ leicht möglich, die Tour an einem der von den Bussen angesteuerten Orte abzubrechen oder nur Teiletappen der vorgeschlagenen Route zu fahren.

Viele Kanu-Vermieter bieten zudem einen "Rückholservice" an. Der ist allerdings etwas teurer (je nach Entfernung, in der Regel um die € 25).

Ein weiterer Service ist das **Nationalpark-Ticket**. Damit dürfen die Busse zwischen Boek und Waren sowie Dampfer auf der Müritz genutzt werden. Hier allerdings können keine Kanus transportiert werden. Der regelmäßige Linienverkehr dient hauptsächlich der Beförderung von Schulkindern. In den mecklenburgischen Schulferien ist er deshalb stark eingeschränkt.

Zecken

Zecken gehören zu den wenigen unangenehmen Zeitgenossen an der Seenplatte. Wie in ganz Deutschland kommt der gemeine Holzbock auch in Mecklenburg vor und wartet im Gras, in Büschen oder im Unterholz auf seine "Opfer". Zecken lassen sich übrigens nicht, wie oft angenommen, von Bäumen fallen. Die Zeckensaison reicht normalerweise von März bis Oktober.

Im Gegensatz zu Süddeutschland wird die Frühsommer Meningoenzephalitis (FSME) nur selten übertragen und eine Impfung wird zur Zeit nicht empfohlen. Dies sollte aber vor dem Urlaub noch einmal geprüft werden (z.B. über 💻 <www.fit-for-travel.de> oder den Hausarzt).

Dagegen wird die **Lyme-Borreliose**, gegen die es bisher keinen Impfstoff gibt, in ganz Deutschland übertragen. Aktuell wird davon ausgegangen, daß die Borrelien (Bakterien) erst 24 Std. nach dem Zeckenstich übertragen werden. Daher sollten Sie sich abends etwas genauer untersuchen und Zecken möglichst schnell entfernen. Beim Entfernen sollten Sie so vorgehen:

Greifen Sie die Zecke mit Hilfe einer Pinzette so nah wie möglich an der Haut. Drehen Sie sie unter leichtem Zug vorsichtig aus der Bißstelle. Nach dem Entfernen sollte der Einstich mit einem Desinfektionsmittel betupft werden.

Geheimtips wie Abbrennen der Zecke, Beträufeln mit Öl oder Verkleben der Stelle machen dem Blutsauger solche Angst, daß er Speichelsekret (in dem die Erreger sitzen!) in die Bißstelle abgibt. Als erstes Symptom der Borreliose tritt zumeist ein runde Hautrötung um die Stichstelle (eventuell auch an anderer Stelle) auf. Diese Wanderröte wird oft begleitet von Fieber, Kopf- oder Muskelschmerzen. Sie sollten dann schnellstens einen Arzt aufsuchen.

Uns hat bisher noch keine Zecke erwischt, und wir waren viele Wochen im Gebiet unterwegs. Zudem wird davon ausgegangen, daß "nur" jede hundertste Zecke mit Borrelien infiziert ist.

Umtragen bei Wustrow (S. 57)

Auf der Havel
Kanuroute

Die beiden beschriebenen Routen erschließen alle größeren befahrbaren Seen der Strelitzer Kleinseenplatte sowie die Müritz.

▷ Die Kanuroute ist 166 km lang und als Rundwanderung anzusehen, auch wenn die Tour in Kratzeburg beginnt und in Neustrelitz endet. Von Neustrelitz bringt die Fischadler-Linie (☞ Transport) Sie und Ihr Kanu preiswert und schnell zurück nach Kratzeburg.

▷ Die Alternativroute beginnt in Kratzeburg und endet in Waren. Sie ist 123 km lang. Dazu paddeln Sie die ersten sechs Etappen und fahren fort mit den Tagen 7a und 8a.

Schwierigkeitsgrad

Die Tagesetappen sind so ausgewählt, daß auch Anfänger sie problemlos bewältigen können. Wer die vollen zwölf Tage fahren möchte, sollte sich zwei Wochen Zeit nehmen und Schlechtwettertage einplanen. Die Etappen werden zum Ende der Tour etwas kürzer, so daß Sie bei Zeitnot zwei Etappen an einem Tag bewältigen können.

Auf den Gewässern der Strelitzer Kleinseenplatte gibt es keine beachtenswerte Strömung. Daher sind alle Strecken auch in umgekehrter Richtung befahrbar und alle Abschnitte können beliebig miteinander kombiniert werden (☞ Alternative Tourenvorschläge). An den größeren Seen entwickeln sich an windigen Tagen gelegentlich hohe Wellen.

Umtragen

An 13 Stellen müssen Sie Ihr Boot umtragen. Fast überall ist ein Bootswagen vorhanden oder kann von Privat ausgeliehen werden. Ein eigener Bootswagen ist daher nicht erforderlich.

Camping

Im Gebiet befinden sich ausreichend Camping- und Biwakplätze. **Wildzelten** ist auf der gesamten Strecke verboten.

Alternative Routenvorschläge

Da die Seen vernetzt sind, können die Tagesetappen beliebig kombiniert werden. Hier einige Vorschläge:

Waren
8a
Fleesensee
Kölpinsee
Malchow
192
Start Tokon
Sietow
Sietow Dorf
Müritz
Zierzow
Spe
E55
7a
Boek
a)
Ludorf
Röbel
Boeker Mühle
Woterfitzsee
Zielow
h)
6
Rechlin Nord
Leppinsee
Rechlin
Kl. Müritz
198
Vipperow
Gr. Kotzower See
Müritzarm
Sumpfsee
Müritz-Havel-Wasserstraße
Granzower Möschen
Granz
Lärz
Mirower See
A19
N
W
O
S
Pee
Zotzensee
7
Mössensee
4
Vilz
Diem
Wittstock

Neubrandenburg
192
Tollensesee
Ankershagen
193
Kratzeburg
E251
Dalmsdorf
ziner See
Käbelicksee
Granzin
Pagelsee
Zotzensee
Kramssee
Babke
Jäthensee
Zierker See
12
Neustrelitz
198
Blankenförde
1
Jamelsee
Userin
Useriner See
Groß Quassow
Kammerkanal
Zwenzow
Gr. Labussee
2
11
Wöblitzsee
Wesenberg
198
E251
Obere-Havel-Wasserstraße
10
Drewensee
Ahrensberg
Schwaanhavel
Drosedow
Plätlinsee
Wangnitzsee
Rätzsee
3
Klenzsee
Gr. Priepertsee
Gobenowsee
Wustrow
Priepert
Strasen
abussee
Canow
8
Ellbogensee
9
Kl. Pälitzsee
Großzerlang
Fürstenberg
Kleinzerlang
Gr. Pälitzsee

1 Tag: Fleether Mühle - Labussee - Dollbeck - Gobenowsee - Drosedower Bek - Rätzsee - Fleether Mühle (☞ Tag 4 + 8).

2 Tage: Wustrow - Fleether Mühle - Labussee - Dollbeck - Gobenowsee - Wustrow (☞ Tag 3, 4, 8).

2 Tage: Mirow - Leppinsee - Boek - Müritz - Mirow (☞ Tag 5, 6, 7).

3 Tage: Kratzeburg - Jäthensee - Jamelsee - Useriner See - Woblitzsee - Kammerkanal - Neustrelitz (☞ Tag 1, 2, 12).

5 Tage: Wesenberg - Schwaanhavel - Gobenowsee - Rätzsee - Labussee - Kleiner Pälitzsee - Ellenbogensee - Drewensee- Wesenberg (☞ Tag 3, 4, 8, 9, 11).

1. Käbelicksee - Jamelsee

Kratzeburg/Dalmsdorf

✉ 17237 ☎ 039822

- Informationen über den Müritz-Nationalpark gibt es von Mai bis Oktober täglich 10:00 bis 17:00 am Ortsausgang von Kratzeburg.
- Gastgeberverein Im Müritz-Nationalpark e.V., OT Granzin Nr. 4, ☎ + FAX 20242, <www.kratzeburg.de>
- Der Bus der Linie 680 hält in Kratzeburg und Dalmsdorf.
- Die Fischadler-Linie steuert den Kanuverleih Hecht in Dalmsdorf und Kratzeburg an
- Mehr als zehn Züge fahren täglich nach Waren und Neustrelitz. Einer verbindet Kratzeburg an Werktagen mit Güstrow.
- Campingplatz Naturfreund, Dorfstraße 3, ☎ 20285-53 (Winter ☎ 20253). Im Laden am Zeltplatz gibt es Proviant für die Fahrt,
- Kratzeburger Krug, daneben der einzige im Ort, der Zeitungen, Brötchen und andere Lebensmittel im Angebot hat.
- Landgasthof Klönstuw, Dorfstraße Kratzeburg.
- Zu den Linden, Dalmsdorf 26 (z.Z. geschlossen, steht zum Verkauf).
- Wer auf dem Campingplatz Naturfreund sein Zelt aufgeschlagen hat, der

kann am Abend bei ruhiger See eine romantische Kanufahrt zum Gasthof Zu den Linden in Dalmsdorf machen. Das ist eine schöne Einstimmung auf eine Wasserwandertour.

Bootsvermietung Hecht, Dalmsdorf 6, ☏ + FAX 20241.

Angelscheine gibt es in Kratzeburg bei den Fischern Berkholz und Berkholz, Dorfstraße 5. Dort gibt es auch Räucherfisch zu kaufen.

Kratzeburg verdankt seinen Namen einem Burgwall, der in alten Urkunden "castrum zcarnitz", "Schwarze Burg", genannt wird. 1256 wurde die Siedlung erstmals urkundlich erwähnt. Sie gehörte damals, wie auch die Dörfer Dalmsdorf und Granzin zum Kloster Dargun. Dieses überließ die Rechte an den Siedlungen später der Johanniterkomturei Mirow.

Im Mittelalter erlangte das Dorf Bedeutung als sicherer Platz auf dem Handelsweg, der die Ostsee mit dem Donauraum verband. Ein Wehrturm sicherte die Straße. Die industrielle Revolution sorgte für einen wirtschaftlichen Aufschwung in Kratzeburg. Ende des 19. Jahrhunderts wurde im Dorf eine Post- sowie eine Telegrafenstation eingerichtet, und es wurde an die Eisenbahnlinie zwischen Neustrelitz und Waren angeschlossen.

Nachbau des Trojanischen Pferdes

⌘ Nicht weit entfernt von Kratzeburg liegt **Ankershagen**, wo der Trojaentdecker **Heinrich Schliemann** seine Kindheit verbrachte. Im denkmalgeschützten Elternhaus des 1822 geborenen Archäologen werden die Stationen seines Lebens nachgezeichnet, von der frühesten Kindheit über die Realschulzeit in Neustrelitz, seine Tätigkeit als Kaufmann bis hin zu seiner Arbeit in Griechenland, wo er 1891 begraben wurde.

Originalfunde aus Troja sowie Nachbildungen von Stücken aus dem "Schatz des Priamos" sind ausgestellt.

♦ Lindenallee 1, Ankershagen April bis Oktober 10:00 bis 17:00, November bis März Dienstag bis Freitag 10:00 bis 16:00 sowie sonnabends 13:00 bis 16:00.

Die erste Etappe der Fahrt beginnt am Käbelicksee, da die Havel flußabwärts erst ab hier mit Booten befahrbar ist, und endet am 14,5 km entfernten Jamelsee.

Der obere Havellauf liegt im Müritz-Nationalpark, darum sind die Gewässer zwischen dem Käbelicksee und der Schleuse Zwenzow für Motorboote gesperrt.

Sie können die Tour in Dalmsdorf an der Badestelle oder beim Kanuverleih Hecht beginnen. Wer dort ein Kanu mietet, darf kostenlos **P** sein Auto abstellen.

☺ Am Campingplatz Naturfreund ist ebenfalls eine Einsatzstelle. Der große Vorteil dort: Etwa 500 m vor dem Zeltplatz befindet sich ein **P** Parkplatz, wo fahrbare Untersätze kostenlos abgestellt werden können.

Es geht los!

km 0 Im 260 ha großen **Käbelicksee** befinden sich zwei kleine Inseln, die nicht betreten werden dürfen. Lassen Sie Ihr Kanu in **Dalmsdorf** zu Wasser, steuern Sie zunächst in südliche Richtung und lassen die erste der beiden Inseln nach etwa 1,5 km links liegen. Starten Sie dagegen am Zeltplatz, halten Sie sich am östlichen Ufer. Etwa 1 km hinter dem Campingplatz lassen Sie dann die erste Insel rechts liegen.

km 2 Sie müssen zwischen der hinteren Insel (links) und dem 69 m hohen Osterberg (rechts) hindurch. Vor der Landzunge steht ein kleines Häuschen im Wasser, an dem Sie sich orientieren können. Hinter ihm müssen Sie rechts abbiegen

km 3 Das Ufer ist dort mit Schilf bewachsen. Auch wenn es zunächst nicht den Anschein hat, dort befindet sich der Abfluß des Sees in die **Havel** (Ein- und Ausgänge der Havel sind mit gelben Tonnen markiert), die hier ein schmaler, flacher und teilweise von Seerosen bewachsener Fluß ist.

km 4 Diesem folgen Sie, bis zu einer Brücke.

4,5 Nach 500 m gelangen Sie auf den **Granziner See**. Er wird durch eine Landzunge in einen bis zu 14 m tiefen nördlichen und einen flachen südlichen Teil (auf dem Sie sich befinden) getrennt. Bei der Ausfahrt auf den See sehen Sie gegenüber einige Häuser von Granzin und linker Hand eine Badestelle. Dazwischen breiten sich großflächig Teichrosen aus. Dort geht die Fahrt auf der Havel weiter.

☺ Wer etwas Zeit hat, kann einen Abstecher in den von Wald umgebenen nördlichen Teil des Granziner Sees machen.

5,5 Auf der Havel kommen Sie bald an eine Brücke, die im Ort Granzin liegt.

Granzin

17237 ✆ 039822

Die Touristen-Information befindet sich im Töpferhof Steuer, der am Westufer des Granziner Sees liegt. Dort anzulegen und den riesigen Garten

Treideln am Jamelsee (S. 46)

herauf zu spazieren, lohnt auch, um die dort angebotenen Sanddornprodukte, Holunderblütenbrause oder hausgemachte Kuchen zu probieren. Zudem gibt es Töpferwaren aus der eigenen Werkstatt zu kaufen. Im Sommer wird einmal pro Woche ein "Schaudrehen auf der Töpferscheibe" und ein "Mitmach-Tag" angeboten. Dort auch Kanu- und Fahrradverleih 🛶 🚲 ☏ 20242. Mai bis Oktober täglich 🚪 9:00 bis 18:00.

🚌 Die Busse der Fischadler-Linie halten am Havelkrug und am Töpferhof. In Granzin kann umgestiegen werden. Hier schneiden sich die beiden Fischadler-Linien.

♦ Linie 680. Die Bushaltestelle befindet sich bei der Brücke über die Havel.

✕ Havelkrug, am Ortseingang direkt neben Kormoran Kanutouring.

🛶 Kormoran Kanutouring, ☏ 29888. 💻 <www.kormoran-kanutouring.de>. Dort auch 🚲 Fahrradverleih und Kanu-Führungen.

☺ Die **Seeadler-Beobachtungsstraße** verbindet **Granzin** und **Babke**. Mit etwas Glück können Sie, mit Hilfe eines Fernglases, brütende Adler beobachten, die ihre Horste in den am Weg stehenden Hochspannungsmasten bauen.

Interessant im 1257 zuerst erwähnten Granzin ist die für die Gegend untypische Siedlungsform, die auch heute noch zu erkennen ist. Es handelt sich um ein sogenanntes Rundplatzdorf (oder Rundling), was bedeutet, daß alle Höfe um den Dorfplatz herum angelegt wurden, zu dem es nur einen Zugang gab.

☺ Achten Sie einmal auf die Gebiete außerhalb Granzins. Die Sowjets richteten hier in den 50er Jahren einen Panzerschießplatz ein, den Sie bis 1993 nutzten. Dabei verwüsteten sie große Teile des Landstrichs. Im Volksmund wird dieses Gebiet daher auch "Mecklenburgische Sahara" genannt.

6 Hinter der Brücke wird die Havel zusehends schilfiger und nach kurzer Zeit sind Sie auf dem fast ganz mit Schilf zugewachsenen **Schulzensee**. Steuern Sie nach rechts, werden Sie bald den weiteren Verlauf des Flusses erkennen. Diesem malerischen Abschnitt der Havel folgen Sie noch einige hundert Meter.

Lorenbahn an der Granziner Mühle

6,5 An der **Granziner Mühle** müssen Sie Ihr Kanu umtragen. Dafür muß die Straße überquert und das Kanu auf eine Lore gehievt werden. Sofern keine bereit steht, müssen Sie eine von der ca. 700 m entfernten Einsatzstelle holen. Ist eine Lore erst einmal in Schwung, ist sie gar nicht mehr so schwer zu schieben, wie es auf den ersten Blick scheint. Der zweite Teil der Strecke ist leicht abschüssig und die Lore rollt teilweise von ganz allein. Vorsicht, am Ende der Strecke kommt es leicht zu "Auffahrunfällen".

7 Weiter geht es nun auf dem **Pagelsee**. Dieser ist ein Beispiel für die durch Schmelzwasser geschaffenen Rinnenseen (☞ Entstehung der Seen).

8,5 Nachdem Sie den Biwakplatz hinter sich gelassen haben, taucht auf der linken Seite bald eine Holzbrücke auf, unter der Sie hindurchfahren müssen. Heute ist die Brücke eine reine Fußgängerbrücke. Bis 1993 wurde sie von den Einwohnern Krienkes, dem Schulbus, usw. benutzt, um während Manövern der russischen Armee das Dorf Krienke zu erreichen.

☺ Am Westufer des Pagelsees befindet sich eine weitere Badestelle, die auch über eine Straße erreichbar ist. Auch hier können Sie Ihr Boot einsetzen.

9 Hinter der Brücke halten Sie sich am linken Ufer. Sie sehen am östlichen Ende des Sees bereits etwas Schilf, auf das Sie zusteuern sollten. Hier beginnt wieder ein sehr schilfiger Abschnitt der Havel.

9,5 Es schließt sich der **Zotzensee** an, der als Kernbereich des Müritz-Nationalparks (☞ Müritz-Nationalpark) eingestuft ist. Das Befahren ist nur entlang der Betonnung erlaubt.

10,5 Die Betonnung führt Sie direkt auf einen weiteren Havelabschnitt.

11,5 Sie kommen an das **Wehr von Babke.** Hier müssen Sie Ihr Kanu umtragen. Ein Bootswagen ist vorhanden; er hakt manchmal. Dann muß schon einige Kraft aufgebracht werden, um ihn zu bewegen.

Am Wehr kann auch ein kleiner Imbiß eingenommen werden.

12,5 Sie überqueren den **Jäthensee**, der ebenfalls Kernbereich des Nationalparks ist. Paddeln Sie wieder entlang der Tonnen. Dabei lassen Sie die Flußinsel **Schulzenwerder** rechts liegen.

13,5 Nachdem man wieder in die Havel eingefahren ist, taucht auf der rechten Seite ein flacher Kanal auf, an dem Sie Ihr Boot etwa 100 m treideln müssen, d.h. Sie müssen aussteigen und Ihr Kanu vom Trampelpfad aus ziehen (S. 43). Einfacher geht es, wenn Sie barfuß durch den Kanal waten. Allerdings ist der Untergrund hier matschig und steinig. Der Kanal mündet in den **Jamelsee**. Gegenüber der Mündung befindet sich das Etappenziel.

14,5 Der Campingplatz Zum Hexenwäldchen liegt sehr schön in einem Fichten- und Kiefernwald und gehört bereits zu Blankenförde. Bis zum Ort sind es etwa 800 m links die Straße hoch.

2. Jamelsee - Woblitzsee

Die zweite Etappe ist 15,5 km lang und führt entlang uriger Flußläufe und einiger Seen aus dem Nationalpark heraus bis zum Woblitzsee.

Sie müssen zunächst die Strecke über den Jamelsee und den Stichkanal wieder zurückpaddeln.

15,5 Am Ende des Kanals wenden Sie sich nach rechts und fahren auf der Havel weiter.

16,5 Kurz vor einer Brücke gelangen Sie in die Ortschaft Blankenförde. Direkt an der Brücke befindet sich die Bootseinsatzstelle. An einem

Kiosk sind Getränke, Fischbrötchen und Eis erhältlich; täglich 10:00 bis 18:00.

Blankenförde

17237 039829

Etwa 150 m von der Bootseinsatzstelle entfernt halten die Busse der Fischadler-Linie (links die Straße hoch). Dort befinden sich auch Briefkasten und Telefonzelle.

♦ Linien 670 (nach Neustrelitz und Mirow) und 679 (nach Neustrelitz).

Campingplatz Am Hexenwäldchen, Kakeldütt, + FAX 20215, <www.hexenwaeldchen.de>. Dort auch Fahrrad- und Kanuverleih, sowie ein Kiosk,

Der Blankenförder Krug befindet sich ca 50 m nördlich vom Rastplatz.

☺ Für diejenigen, die auch gern in die Pedale treten, bietet sich der Start vom "Hexenwäldchen" für einen Wochenendtrip an. Hier werden kombinierte Kanu/Fahrradtouren angeboten. Mit dem Boot kann bis Userin, Kratzeburg

Rastplatz Blankenförde

oder zum Gobenowsee gepaddelt und von dort mit dem Fahrrad zurückgeradelt werden.

18 Hinter der Brücke führt die Havel an landwirtschaftlich genutzten Flächen und einigen Bootshäusern vorbei. Bei der Einfahrt in den **Görtowsee** steuern Sie leicht nach rechts. Die Ausfahrt befindet sich am gegenüberliegenden Ufer am südlichen Ende des Sees. Rechts lassen Sie einen wunderschönen Teichrosenteppich liegen.

☺ Wer etwas Zeit hat, kann noch einen kleinen Abstecher entlang des Görtowsees machen. Hier kann man Vögel wie etwa Kormoran oder Reiher beobachten.

18,5 Hinter dem Görtowsee beginnt wieder das Kerngebiet des Nationalparks. Der folgende, etwa 1 km lange Abschnitt wird **Moßbeck** genannt und führt durch einen sehr malerischen Wald.

19,5 Am **Zierzsee** endet die Moßbeck. Hier folgen Sie wieder der Betonnung. Das Gewässer ist eigentlich ein nördlicher Ausläufer des Useriner Sees, der durch eine Landzunge, den sogenannten Ziegenwinkel, abgeteilt wird. Wenn Sie entlang einiger Stellnetze um den Ziegenwinkel herumfahren, gelangen Sie auf den Useriner See.

20,5 Der **Useriner See** ist gut 4 km lang und mit 400 ha der größte See der Strelitzer Kleinseenplatte. Daher sollten Sie nicht nur bei Wind immer in Ufernähe paddeln. Bereits bei der Ausfahrt aus dem Zierzsee sollten Sie entscheiden, ob Sie zum FKK-Campingplatz am Useriner See wollen. Dann halten Sie sich am bewaldeten Westufer.

FKK-Camping am Useriner See, 17237 Zwenzow, ☎ 03981/24790, FAX 03981/247999

Wollen Sie nach Userin, steuern Sie hinter der Einfahrt auf den Useriner See das gegenüberliegende Ufer an und halten sich am Ostufer. In **Userin** ist in der **Vylym-Hütte** donnerstags 18:00 bis 20:30 und sonntags zwischen 10:00 und 11:30 eine interessante naturkundliche Ausstellung zu sehen. Die Hütte befindet sich hinter einer Badestelle mit Rutsche.

23,5 Eine kleine Insel lassen sie rechts liegen. Das Betreten der Insel ist verboten, da hier Seeadler (☞ Vögel) nisten. Also Augen auf, vielleicht sehen Sie ja einen der Könige der Lüfte.
Hinter der Insel paddeln Sie auf einen kleinen Turm am Ende des Sees zu (den Sie letztlich links liegen lassen). Dies ist der ehemalige Speicher der **Useriner Mühle**, die heute nicht mehr genutzt wird. Sie passieren die Badestelle von Useriner Mühle und lassen eine kleine Bucht links liegen.

24,5 Am südlichen Ende des Sees tauchen einige in den See geschlagene Holzpflöcke auf, auf denen von Zeit zu Zeit Vögel brüten. Bis 1970 wurde der Useriner See noch zum Holzflößen genutzt und die Baumstämme an den Pflöcken befestigt.
Links von den Pflöcken befindet sich die Ausfahrt aus dem See.

25 An der **Schleuse Zwenzow** steht wieder ein Bootswagen bereit.

Hinter der Schleuse, am **Großen Labussee**, endet der Müritz-Nationalpark und ab jetzt müssen Sie mit Motorbooten und einigen Wellen rechnen, da nicht alle Motorbootfahrer Rücksicht auf Kanuten nehmen.

Um auf der Hauptroute zu bleiben, biegen Sie hinter der Schleuse links ab. Wer nicht weiterpaddeln möchte, sollte sich hier nach rechts wenden und am Campingplatz in Zwenzow einkehren.

Zwenzow

17237 ✆ 03981

Linien 670 und 679.

♦ Die Busse der Fischadler-Linie halten 8:52 (Richtung Kratzeburg) und 17:26 (nach Neustrelitz) am Ortseingang.

Campingplatz Zwenzower Ufer, 17237 Zwenzow, ☏ 24790, FAX 247999,

Gaststätte Eggebrecht, Dorfstraße 3.

Am Ortseingang befindet sich eine Telefonzelle, vom Zeltplatz aus 450 m nach rechts. Dort gibt es auch eine öffentliche Badestelle.

Wer einmal einen Tag aussetzen möchte, kann von Zwenzow aus zwei sehr schöne Rundwanderungen unternehmen. Der 21 km lange Wanderweg "Schwarzes Wildschwein" führt zu verschiedenen Seen der Umgebung sowie auf den Bauernberg, von dem aus man einen schönen Ausblick hat.

♦ Der 7 km lange Rundweg "Rotes Eichhörnchen" führt um den Großen Labussee herum. Sie kommen an einem Wolfsfang, einer Falle, mit der noch im 19. Jahrhundert Wölfe gefangen wurden, vorbei.

26 Die grünen und roten Fahrwassertonnen markieren den vorgeschriebenen Wasserwanderweg. Bei stärkerem Wind bleiben Sie besser in Ufernähe. Dann müssen Sie kurz vor der Einfahrt in die Havel allerdings einige Stellnetze umfahren.

27 Die Ausfahrt des Sees wird durch einen "weißen Salmi" gekennzeichnet. Dort befindet sich auf der rechten Seite eine schöne Badestelle, die sich auch hervorragend für ein kleines Picknick oder ein Sonnenbad eignet. Auf dem folgenden Abschnitt der Havel kommen Ihnen vermehrt Motorboote entgegen, da sich kurz vor dem **Woblitzsee** ein kleiner Sportboothafen befindet.

In diesem Havelteil sollen Fischotter leben. Vielleicht haben Sie ja Glück und sehen in der Dämmerung einen.

28 Nach knapp 1 km taucht auf der rechten Seite das Örtchen **Klein Quassow** auf. Passieren Sie den Ort und fahren immer der Nase nach. Hinter einer Brücke passieren Sie eine surrende Hochspannungsleitung.

29,5 Sie unterqueren zwei Brücken. Auf der linken Seite liegen einige große Motorboote.

30 Der Campingplatz liegt auf der rechten Seite. Sie folgen der Havel bis zum Woblitzsee. Unmittelbar nachdem Sie auf den See gepaddelt sind, wenden Sie sich nach rechts. Dort ist ein kleiner Landeplatz, an dem Sie Ihr Kanu an Land ziehen können.

Wesenberger Burg (S. 55)

In der Schleuse Wesenberg (S. 56)

⚠ Campingpark Havelberge am Woblitzsee, 17237 Groß Quassow. ☎ 03981/24790, FAX 03981/247999, 💻 <www.haveltourist.de>

3. Woblitzsee - Gobenowsee

Die dritte Etappe ist 17 km lang. Auf dem **Woblitzsee** ist besonders an Wochenenden Vorsicht geboten, da auf ihm Wasserskifahren erlaubt ist. Vom Campingplatz paddeln Sie zunächst am rechten Ufer weiter. Gegenüber befindet sich eine langgestreckte Bucht.

Alternativ können Sie zum nördlichen Ende des Sees paddeln, in den **Kammerkanal** einbiegen und über den **Zierker See** nach Neustrelitz gelangen (☞ Tag 12).

32 Der Woblitzsee verengt sich. Hinter der Verengung ist bereits Wesenberg zu sehen. Halten Sie sich am besten in der Mitte des Sees.

34 Am unteren Ende des Woblitzsees liegt auf der rechten Seite die Einfahrt zum Stadthafen von Wesenberg. Die schlecht auszumachende Ausfahrt aus dem See befindet sich links daneben.

Wesenberg

3.300 Ew. ✉ 17255 ✆ 039832

ℹ Informationsbüro Wesenberg, Burg 1, ☎ 20621, FAX 20383, 💻 <www.wesenberg-mecklenburg.de>

🚆 Der Bahnhof befindet sich an der Bahnhofstraße. Die Züge fahren unter anderem nach Mirow und Neustrelitz.

🚌 Der Bus der Linie 649 nach Neustrelitz fährt täglich frühmorgens 6:56 an der Umgehungsstraße ab. In die entgegengesetzte Richtung, nach Kleinzerlang, 6:03; an Schultagen häufiger. Busse der Linie 650 nach Mirow fahren lediglich an Wochentagen, dann aber mehrmals.

⌘ Heimatstube/Burgturm, Burg 1. Während der Hauptsaison täglich 10:00 bis 18:00, im Mai und September 10:00 bis 17:00.

♦ Blechspielzeug- und Musikinstrumentemuseum, Burgweg. Im Frühjahr und Sommer montags und mittwochs bis freitags 10:00 bis 18:00, an Wochenenden und Feiertagen 13:00 bis 18:00.

Romantik Hotel Borchard's Rookhus am See, Am Großen Labussee, ☎ 500, FAX 50100, 100 Betten, EZ/DZ ab € 75/100, ✕ Gourmetküche mit Wild- und Fischspezialitäten.

◆ Apartmenthotel Müritzschwalbe, Mittelstraße 11, ☎ 2960, FAX 29665, 21 Betten, EZ/DZ ab € 48/60, ✕ täglich ◘ 16:00 bis 19:00.

Wasserwanderern ist das Zelten am Hafen nur für eine Nacht gestattet. Öffentliche Toiletten und Duschen sind vorhanden, täglich ◘ 10:00 bis 19:00.

✕ Zur Quelle, Tiergartenstraße 16, ☎ 20335, täglich ◘ 11:30 bis 14:00 und 17:00 bis 22:00 (Mecklenburger Küche, Fischgerichte).

◆ Am Weißen See, Am Weißen See 4, ☎ 20405, täglich ◘ ab 11:30 (Fisch- und Wildgerichte).

◆ Waldstadion, Mirower Chaussee 4, ☎ 20221, täglich außer montags ◘ 18:00 bis 22:00, wochenends auch ◘ 11:00 bis 14:00.

◆ Gaststätte Fuchs, Mittelstraße 61, ☎ 20348, täglich außer montags und dienstags ◘ 11:30 bis 14:00 und 16:00 bis 22:00.

◆ Bodinka, Kreuzstraße 1, ☎ 20321, täglich außer sonntags ◘ 9:00 bis 14:00 und 16:00 bis 22:00 (Mecklenburger Küche, Fischspezialitäten).

◆ Traktor, Seestraße 2, ☎ 20447, täglich außer mittwochs und donnerstags ◘ 11:00 bis 14:00 und 16:00 bis 22:00 (Mecklenburger Küche).

- ♦ Zur Dampflok, Bahnhofstraße, ☎ 26770, dienstags bis donnerstags 10:00 bis 13:00 + 17:00 bis 22:00, freitags 10:00 bis 13:00 + 16:00 bis 24:00, wochenends 10:00 bis 13:00 + 16:00 bis 22:00.
- ♦ Werle-Stuben, Am Markt, ☎ 26833, täglich 11:00 bis 23:00 (gutbürgerliche Mecklenburger Küche).
- ♦ Café Reinhold, Hohe Straße 20, ☎ 21008, wochentags 6:30 bis 18:00, samstags 6:30 bis 11:00 + 14:00 bis 18:00, sonntags 8:00 bis 10:00 + 14:00 bis 18:00 (Frühstück, Café-Sortiment, Imbiß).
- @ Internetcafé, Café Mittendrin, Mittelstraße 13.
- Eiscafé, Mittelstraße 9.
- ♦ Eiscafé und Bäcker, Hohe Straße 20-21.
- Kanumühle Wesenberg, Verleih und Touren, Havelmühle 1, Ahrensberger Weg, ☎ 20350, FAX 0721/151216762, <www.kanu-muehle.de>
- ♦ Kanustation am Hafen, ☎ 20568, von Kandra Natursportreisen, Wollestraße 41, 14482 Potsdam, ☎ + FAX 0331/712125, <www.kandra.de>
- ♦ Bootsverleih Klaus Werner, Ringstr. 32, ☎ 20292 + ☎ 0172/3010964.
- Rehfeldt Fahrradverleih, Verkauf und Reparatur, Hohe Str. 9, ☎ 20430.
- Es gibt einen Sky-Markt vor dem Wendischen Tor und einen Plus-Markt an der B198.
- ♦ Schlecker, Am Markt.
- ♦ Angel- und Campingzubehör bietet der Natur- und Freizeitladen in der Hohen Straße sowie ein Sportladen in der Mittelstraße 27 an.
- Die Post befindet sich in der Mittelstraße 7 zusammen mit einem Elektroladen. Dort gibt es auch einen Fotoservice.
- Am Markt/Ecke Mittelstraße, gegenüber von den Werlestuben.
- Es gibt zwei Banken mit ec-Automat in Wesenberg. Die Sparkasse befindet sich in der Mittelstraße 11 und die Raiffeisenbank am Markt.
- ☎ Zwei öffentliche Telefonzellen am Markt.
- P Am Markt, begrenzt auf zwei Std.
- An der Bahnhofstraße befindet sich ein Kino.

Wesenberg wurde vermutlich 1252 gegründet. Die Burg stammt ebenfalls aus dem 13. Jahrhundert. Ob es diese oder die Stadt zuerst gab, ist nicht bekannt. Nach 1302 war die Burg im Besitz der Mecklenburger Fürsten. Es wird angenommen, daß der Burgfried und die Mauer aus dieser Zeit stammen. Ab 1500 war in der Burg ein fürstliches Amt untergebracht, später verfielen die Gebäude jedoch. Teile der alten Befestigungen wurden durch ein neuzeitliches Wohngebäude überbaut (📷 S. 51). Jeweils zum Ende der Weltkriege brannte das Wohngebäude ab. Heute befinden sich im rechten Teil des Burggebäudes die Ausstellungsräume des Heimatmuseums und das Fremdenverkehrsbüro.

Stadtmauer

✞ Sehenswert ist auch die St. Marien-Kirche von Wesenberg. Sie ist neben der Burg das älteste Gebäude und wurde aus Backsteinen und Findlingen ab ca. 1250 erbaut. Bereits 1529 kam der erste evangelische Pastor nach Wesenberg. Bei einem Stadtbrand 1706 wurde der Turm zerstört. Ab 1707 begann der Wiederaufbau mit einigen stilistischen Veränderungen. Das Richtfest für den wiedererrichteten Turm wurde 1715 gefeiert. Die große Glocke der Kirche wurde 1942 aus dem Turm geholt, um für Kriegsgeräte eingeschmolzen zu werden - 1949 wurde sie jedoch unbeschadet aus Hamburg zurückgebracht. Ab 1994 wurde die Orgel restauriert und seit 2000 geht die Uhr im Kirchturm wieder.

♦ Juni bis August, Montag bis Freitag, 10:00 bis 11:00 + 14:30 bis 15:30.

Vor der Kirche steht die Wesenberger Linde, die 600 Jahre alt sein soll und über die es sogar ein Gedicht von Friedel Pleß gibt.

Wesenberger Linde

Empfehlenswert ist das Museum für Blechspielzeug und Musikinstrumente. Hier stehen alte Modelleisenbahnen neben Kameras von 1925 und Militärspielzeug aus dem Jahr 1935 sowie frühe Schreibmaschinenmodelle und Vorgänger des Telefons. Besonders interessant sind die alten Instrumente, die vom Leiter des Museums fast alle noch in Gang gebracht werden können. So spielt das sogenannte Orchestrion von 1925 Musik von der (letzten intakten) Spule. Es handelt sich um ein

Drehorgel im Museum

Klavier in Kombination mit einem Xylophon und einer Mandoline. Heutzutage gibt es die Spulen, ohne die das Instrument nicht funktioniert, jedoch nicht mehr. Der Leiter hat daher einen Drucker entwickelt, mit dem er versucht, alte Spulen nachzubauen. Noch funktionstüchtig sind u.a. auch ein Trichtergrammophon von 1900 und eine Spieluhr von 1880.

An Wesenbergs südlichem Stadtrand, an der Deutschen Alleenstraße, liegt der **Wesenberger Findlingsgarten**. Die dort gesammelten Gesteinsbrocken wurden in der letzten Eiszeit in den skandinavischen Ländern durch Gletscherwanderungen losgebrochen und bis in diese Gegend transportiert. Art und Herkunftsland der verschiedenen Gesteinsarten werden auf Hinweistafeln erläutert.

Wer vom Stadthafen kommt, muß sich rechts halten, um zur **Oberen-Havel-Wasserstraße** zu gelangen.

35 Nachdem Sie den Woblitzsee hinter sich gelassen haben, paddeln Sie unter der B198 durch, die Wesenberg mit Mirow und Neustrelitz verbindet. Direkt hinter der Brücke befindet sich auf der linken Seite die Kanumühle Wesenberg. Hier kann man eine Pause einlegen und Eis essen. Nach 800 m erreichen Sie die **Schleuse Wesenberg** (📷 S. 51). Wer hier nicht warten möchte, kann sein Boot umtragen. Ein Bootswagen ist vorhanden.

Marktplatz Wesenberg

36 Wenn Sie die Schleuse hinter sich gelassen haben, biegen Sie nach weiteren 700 m rechts ab. Hier kann man eine große Anzahl gelber Teichrosen bewundern.

Wenige Meter nach dem Abbiegen kommen Sie an eine Gabelung.

Der unscheinbare Wasserweg links ist die Schwaanhavel, auf die Sie einbiegen müssen. Sie stellt die Verbindung zum Plätlinsee her. Die Schwaanhavel ist 4 bis 5 m breit und von hohem Schilf gesäumt.

38,5 Sie müssen unter einem Birkenstamm hindurchfahren, der quer über der Wasserstraße liegt. Dahinter wird die Schwaanhavel abrupt sehr eng und flach. Hinter einer kleinen Holzbrücke müssen Sie eventuell für einige Meter treideln.

39,5 Nachdem Sie unter ein paar Büschen durchgefahren sind, erblicken Sie den Eingang zum **Plätlinsee**.

Hier müssen Sie im oberen Teil des Sees entlang der Betonnung fahren, da es sich um ein Naturschutzgebiet handelt und die im Schilf brütenden Vögel nicht gestört werden sollen.

43 Hinter der Betonnung sehen Sie rechts zwei Buchten. Am Ende der hinteren befindet sich eine Umtragestelle (S. 35). Zur rechten sehen Sie die Kirche von Wustrow. Sie legen an einem Steg an, der leicht versteckt hinter den Bootshäusern liegt. Das Kanu muß 100 m bis zur Landstraße transportiert werden und noch einmal 100 m bis zur Einsetzstelle.

Für € 1,00 können Sie im 150 m entfernten Lebensmittelladen in Wustrow einen **Bootswagen** leihen. Dazu gehen Sie den Weg zur Straße hoch und dann nach rechts in Richtung Wustrow.

Da die Kanueinsatzstellen mit dem Auto erreichbar sind und hier kostenlos P geparkt werden darf, können Sie ihre Tour auch hier starten.

Wustrow

17255 039832

Linie 649. Jeweils ein Bus nach Neustrelitz und Kleinzerlang täglich, an Schultagen häufiger. Bushaltestelle an der Haupstraße neben der Kirche.

Gaststätte Waldlust, Dorfstraße 11, täglich 11:00 bis 14:00 und 18:00 bis 22:00. Hier gibt es auch eine Kegelbahn und Übernachtungsmöglichkeiten.

♦ Gaststätte Zum Plätlin, Dorfstraße 18.

Lebensmittelladen, Dorfstraße 54. Hier werden auch Bootswagen verliehen für € 1,00.

Das Angerdorf Wustrow wurde in einem Schriftstück aus dem Jahr 1349 erstmals aufgeführt. Die Bewohner des Orts lebten stets von der Landwirtschaft. Die auffällige, rote Backsteinkirche stammt aus dem Jahr 1896.

43,5 Nach dem Umtragen steuern Sie zunächst durch einen engen, von Farnen und Bäumen gesäumten Ausläufer des **Klenzsees**.

44 Hinter einer Verengung des Sees lassen Sie eine große Bucht links liegen und wenden sich statt dessen nach rechts und nach etwa 200 m wieder nach links.

45 Am westlichen Ufer des Sees erreichen Sie den Übergang zum **Gobenowsee**. Kurz nachdem Sie auf diesen eingebogen sind, paddeln Sie unter einer Brücke durch.

Einfahrt und Brücke sind von weitem nur schwer zu erkennen, da sie von Schilf und Bäumen verdeckt liegen.

46 Zu beiden Seiten des schmalen Gobenowsees tauchen immer wieder schöne Seerosenbeete auf. Auf der linken Seite sehen Sie schließlich einige private Bootsanleger bei Neu Canow.

Neu Canow

17255

Der 649er-Bus fährt einmal täglich frühmorgens nach Neustrelitz und Kleinzerlang.

Bierstube Zur alten Scheune, Neu Canow 2b, täglich 16:00 bis 22:00, sonntags zusätzlich 10:00 bis 12:00. Gegenüber der Bierstube befinden sich eine Telefonzelle und ein Briefkasten.

47 Nachdem Sie zwei lange Bootshäuser links liegengelassen haben, gelangen Sie bald zum Campingplatz. Er befindet sich am rechten

Ufer. Wasserwanderer müssen an der Badestelle vorbei bis zum Steg 3 fahren. Dort können sie ihr Boot auf einen Ständer legen und direkt am Wasser zelten.

Campingplatz am Gobenowsee, Annerose Zobel, 17255 Drosedow, ☎ + FAX 039828/20355, <Gobenow@t-online.de>

Vom Zeltplatz sind es zu Fuß etwa 2 km nach **Drosedow**. Dort fährt der Bus der Linie 649, und es gibt einen Krämerladen, Inges Quelle.

www.ambiente-canow.de

4. Gobenowsee - Mössensee

Vom Campingplatz am Gobenowsee bis zum Ziel am Mössensee sind 16 km zurückzulegen. Hinter dem Zeltplatz biegen Sie scharf rechts ab und gelangen nach einigen hundert Metern in die **Drosedower Bek**.

Alternativ können Sie gegenüber vom Campingplatz in die **Dollbeck** paddeln und so die Tour abkürzen. Die idyllische Dollbeck ist etwa 2 km lang.

Holzbrücke über die Drosedower Bek (S. 60)

Sie mündet in den **Labussee**. Dort können Sie mit Tag 8 fortfahren. (☞ Tag 8 bis 12).

48 Das Schild zur Einfahrt in die **Drosedower Bek** hängt etwas versteckt an einem Baum. Die Ufer der Bek sind von Schilf gesäumt, weiße See- und gelbe Teichrosen bedecken das Wasser. Die Wasserstraße ist etwa 20 m breit, an den Ufern stehen Birken und Buchen.

49 Sie fahren unter einer hölzernen Fußgängerbrücke durch (📷 S. 59). Die Brücke verbindet **Drosedow**, das rechter Hand liegt, mit dem Wald zur linken, wo es sehr schöne Spazierwege gibt.

50,5 Am Ende der Bek befindet sich auf der rechten Seite ein FKK-Campingplatz.

⛺ FKK-Camping am Rätzsee, 17255 Drosedow, ☎ 03981/24790, FAX 03981/247999,

Sie gelangen auf den **Rätzsee**. Hier müssen Sie eine großzügige Linkskurve fahren, um den See in Richtung Südwesten entlangpaddeln zu können. Auf dem Rätzsee sind Motorboote verboten.

✋ Auf einigen Karten sind links und rechts am Rätzsee FKK-Campingplätze eingezeichnet, die aber nicht mehr existieren. Statt dessen ist in ☞ Fleether Mühle im Frühsommer 2000 ein ⛺ FKK-Zeltplatz eröffnet worden, der auf vielen Karten noch nicht aufgeführt ist.

55,5 Am Ende des Rätzsees sehen Sie auf der rechten Seite die ersten Häuser von Fleeth, den ⛺ FKK-Campingplatz sowie die Einfahrt zur Oberbek.

60 Am Ort Fleether Mühle müssen Sie umtragen. Beim Kanuverleih "Pack & Paddel" kann für € 1,00 ein Bootswagen ausgeliehen werden.

Bis zur Straße muß das Kanu etwa 50 m über einen Sandweg transportiert werden und dann noch einmal 50 m bis zur Einsetzstelle an der **Oberbek**.

Fleether Mühle

17252 ✆ 039833

Donnerstags hält hier der Bus der Linie 661 7:53 in Richtung Diemitz/Schwarz und 12:25 in Richtung Mirow. An Schultagen fahren täglich vier Busse. Die Haltestelle befindet sich 100 m neben der Umtragestelle.

Ferienidyll am Rätzsee, Postfach Mirow 15, 17252 Fleether Mühle, ☏ 22095, FAX 22129,

Bistro und Backshop am Campingplatz.

Kanuverleih Pack & Paddel, 17252 Fleether Mühle, 4 (am Campingplatz), ☏ 26727, FAX 26728, <www.packundpaddel.de>

61 Kurz vor dem Vilzsee müssen Sie unter einer Fußgängerbrücke hindurch. Dahinter befindet sich rechts ein Steg, der zum Hotel Oase gehört und eine Anlegestelle, die zur Mecklenburger Stube gehört.

☹ An einem der Bootshäuser verweist ein Schild auf das "Einkaufseck Fleeth", das aber nicht mehr existiert!

Fleeth

17252 ✆ 039833

Linie 661 (☞ Fleether Mühle).

Hotel Oase am Vilzsee, Dorfstraße 8, ☏ 2660, FAX 26699, EZ/DZ ab € 15/30. Das Hotel ist vom Wasser aus erreichbar, Kanus können dort abgelegt werden.

Mecklenburger Stube, Dorfstraße 8, ☏ 28904-05, FAX 28599.

62 Sobald Sie auf den **Vilzsee** einbiegen halten Sie sich am rechten Ufer. Um auf den Mössensee zu gelangen, biegen Sie die nächste Abzweigung nach rechts ab.

Alternativ können Sie geradeaus über den Vilzsee nach links in Richtung **Schleuse Diemitz** paddeln und die Tour so abkürzen (☞weiter mit Tag 8).

63 In der ersten Bucht am östlichen Ufer des **Mössensees** erreichen Sie zunächst einen FKK-Campingplatz. Wenige Meter weiter gelangen Sie

zu einem ganzjährig geöffneten Zeltplatz in einem Wald. Beide haben die gleiche Anschrift.

Naturcampingplatz Am Mössensee, Eberhard & Volker Prütz, Dorfstraße 12, 17252 Fleeth, ☎ 22030,

Der erste Holzsteg ist der Anleger für Wasserwanderer. Dort sind Gestelle zum Lagern der Kanus vorhanden. An der Rezeption kann von Volleybällen über Fahrräder bis hin zu Biertischgarnituren alles ausgeliehen werden, was das Zelten angenehmer macht.

5. Mössensee - Leppinsee

Vom Campingplatz bis Mirow sind es etwa 7 km und dann noch einmal 9 km bis zum Zielort dieser Etappe.

☺ Am Ziel, dem Campingplatz am Leppinsee, gibt es keinen Laden. Bei der Anmeldung bekommt man lediglich Zeitungen und Eis. Deshalb sollten Sie Vorräte mitnehmen oder in Mirow oder Granzow einkaufen.

Hinter dem Campingplatz geht es weiter über den **Mössensee**, an dem, hinter einem dichten Schilfgürtel, Laub- und Nadelbäume stehen. Besonders am Wochenende sind auf der Strecke bis Mirow viele **Motorboote** unterwegs, da diese Seen Teil der **Müritz-Havel-Straße** sind, die die Verbindung der Müritz zur Feldberger Seenplatte darstellt. Halten sie sich daher möglichst nah am Ufer.

65 Am Eingang zum **Zotzensee** stehen Stellnetze. Auf der rechten Seite liegt ein Campingplatz (☞ Tag 7).

67 Schon von Weitem ist der "weiße Salmi" zu erkennen, der die Ausfahrt des Zotzensees kennzeichnet.

67,5 Nachdem Sie in den Wasserweg eingefahren sind, gelangen Sie nach ein paar hundert Metern zu einer kleinen Ausbuchtung auf der rechten Seite, die zunächst wie eine Abzweigung aussieht.

68,5 Sie fahren durch eine Verengung, in der die Pfeiler einer ehemaligen Brücke stehen. Auf einigen Karten ist sie noch eingezeichnet.

69,5 Nach weiteren 300 m stehen auf Pfeilern errichtete Holzhäuser direkt am Wasser. Nachdem Sie unter der folgenden Eisenbahnbrücke hindurchgefahren sind, gelangen Sie an eine Gabelung. Hier müssen Sie den rechten Weg wählen, um auf den Mirower See zu gelangen.

Alternativ können Sie links abbiegen und durch die **Mirower Schleuse** fahren. Hier geht es weiter bis zur Müritz.

70,5 Unter einer Brücke hindurch gelangen Sie auf den **Mirower See**. Direkt links vor der Brücke ist eine Kanueinsatzstelle. Unmittelbar hinter der Brücke ist rechts ein Fischverkauf - an einem Holzbootshaus können Wasserwanderer anlegen. Kurz hinter dem Fischverkauf sind die Stege des Rudervereins. 120 m weiter befindet sich eine Mole für Dampfer. Dahinter führt ein Kanal zum Wasserwanderrastplatz Mirow.

Technisches Denkmal: Die Hubschleuse Mirow (S. 82)

Mirow

4100 Ew. ✉ 17252 ✆ 039833

- Touristen-Information, Torhaus, ☏ + FAX 28022, <www.mirow.m-vp.de> Mai bis Oktober wochentags 9:00 bis 18:00, sonnabends 10:00 bis 13:00, im Juli und August bis 16:00, dann auch sonntags 10:00 bis 14:00.
- ♦ "Reif für die Insel" - unter diesem Motto führt die Touristen-Information über die Mirower Schloßinsel und durch die Stadt.
- ☺ Über Neuigkeiten aus der Region informiert die wöchentlich erscheinende Neue Mirower Zeitung. Sie ist für 50 Cent bei der Touristen-Information zu erhalten.
- Linien 650, 651, 661, 670, 045 + 046.
- ♦ Die Busse der Fischadler-Linie starten an der Jugendherberge und halten an neun weiteren Punkten in Mirow, unter anderem direkt vor dem Wasserwanderrastplatz.
- Die Züge halten in Mirow am Ende der Bahnstraße. Unter anderem gibt es Verbindungen nach Wesenberg und Neustrelitz.
- ☆ Wasserschutzpolizei-Station, Mühlendamm 15, ☏ 22314.
- Mirower Seehotel, Schloßinsel 3, ☏ 20346, FAX 22180, EZ/DZ ab € 43/60, 16 Zimmer. ✕ Zinne sowie der Ritterkeller, in dessen 300 Jahre alten Gewölben auf mittelalterliche Weise serviert und gespeist wird.
- ♦ Restaurant Blaue Maus, Schloßstraße 11, ☏ 21734, DZ ab € 53, 3 Zimmer, ✕
- ♦ Gasthof zum Goldenen Löwen, Strelitzer Straße 29, ☏ 20301, FAX 20306, EZ/DZ ab € 35/50, 3 Zimmer, ✕
- ♦ Hotel und Restaurant An der Seepromenade, Rudolf-Breitscheid-Straße 49, ☏ 2820, FAX 28282, EZ/DZ € 49/68, 11 Zimmer, ✕
- ♦ Hotel-Pension Villa Klatt, Strandstr. 16, ☏ 22214 + ☏ 0173/4604252, FAX 22217, EZ/DZ ab € 34/48, 5 Zimmer.
- ♦ Hotel und Restaurant Mecklenburger Hof, Töpferstraße 1, ☏ 2620 EZ/DZ ab € 30/45, 20 Zimmer, ✕
- ♦ Strandgaststätte und Pension, Strandstraße 20, ☏ 22019-20806 EZ/DZ ab € 35/48, 6 Zimmer, ✕
- ♦ Gaststätte und Pension Ex, Retzower Straße 8, ☏ 20510, FAX 20554, EZ/DZ ab € 20/30, 5 Zimmer, ✕
- ♦ Gästehaus Ewert, Strelitzer Straße 21, ☏ 22043.
- Jugendherberge Mirow, Retzower Straße 21, ☏ 20725, FAX 22057.

- Kanustation Mirow, An der Clön 1, ☏ 22098, FAX 20345, 💻 <www.kanustation.de>
- ♦ Das Strandrestaurant betreibt auch einen Zeltplatz direkt neben der Badestelle. Die Stellplätze vergibt ein uriger "Seebär" in der Holzbude am Steg, wo auch der Bootsverleih ist.
- ✕ Taverne Poseidon, Jahnstraße 1.
- ♦ Gaststätte Zum Eisbären, Strelitzer Straße 21.
- ♦ Eiscafé und Restaurant Lydia, Rudolf-Breitscheid-Straße 38.
- kanu basis mirow, Retzower Str., ☏ 20131, FAX 20192, 💻 <www.kanubasis.de> Vermietung direkt neben der Jugendherberge.
- ♦ ☞ Kanustation Mirow. Außer Kanadiern und Kajaks werden hier auch Fahrräder, Tret- und Ruderboote vermietet.

♦ Bootsvermietung des Strandrestaurants. Neben Bootstypen, deren Antrieb mit Muskelkraft erfolgt, offeriert der Vermieter auch Motorboote, für die kein Führerschein notwendig ist.

Jugendherberge und Zeltplatz befinden sich am Westufer des Mirower Sees und sind mit der Nationalparklinie erreichbar.

In Mirow gibt es vier Supermärkte. Dem Wasserwanderrastplatz am nächsten liegt der von dort ausgeschilderte Edeka in der Schillerstraße. Nicht zu verfehlen und in Gehweite ist auch der Aldi-Markt an der Wesenberger Chaussee, der Verlängerung der Hauptstraße (am Rastplatz heißt sie noch Schloßstraße). Wer sein Domizil an der Kanustation hat, kommt am leichtesten zu Lidl an der B198 in Richtung Zentrum. Der nächstgelegene Lebensmittelladen von der Badestelle aus befindet sich in der Fritz-Reuter-Straße neben dem Café Lydia. Hinter dem Bahnhof ist ein Penny-Markt zu finden.

♦ An der Schloßstraße bieten zwei Läden Campingartikel an.

Kranich-Buchhandlung, Strelitzer Straße 31. Dort kann auch kopiert werden.

Die Post befindet sich nicht, wie auf den Karten des in der Touristen-Information erhältlichen Gastgeberverzeichnisses markiert, in der Strelitzer Straße, sondern in der Töpferstraße.

Kanu- und Campingausrüstungen verkauft der gutsortierte Wassersport- und Angelshop in der Bahnhofstraße 24. Dort können auch Angelkarten erworben werden.

BANK Eine Sparkasse mit ec-Automat befindet sich an der Schloßstraße, Ecke Töpferstraße.

Wenige Meter weiter kann bei einer Raiffeisenbank Geld abgehoben werden.

@ E-mails checken oder einen Blick ins World Wide Web werfen, ist in der Jugendherberge Mirow möglich.

Im Lotto-Laden, Strelitzer Straße 6, wird Wäsche entgegengenommen und gereinigt.

Dampferrundfahrten von Mirow durch das Seerosenparadies über die Müritz nach Waren, Naturkundefahrten bis Rheinsberg und eine Sieben-Seen-Fahrt werden von der Mirower Schiffahrtsgesellschaft veranstaltet, ☏ 22270. Der Anleger befindet sich neben der Schloßinsel an der Rotdornstraße.

Jugendherberge in Zielow (S. 74)

Kanal zum Woterfitzsee (S. 74)

Die Geschichte Mirows ist eng verbunden mit der des Johanniterordens. Die Ritter, die die Stadt vermutlich 1226 erhielten, errichteten eine Ordensniederlassung, eine Komturei, auf der heutigen Schloßinsel. Den Namen der slawischen Siedlung behielten sie bei: Mirow, was Ort des Friedens bedeutet. Im Wappen führt der Ort deshalb einen Palmenzweig, das Symbol des Friedens. 1227 wurde der Ort das erste Mal urkundlich erwähnt. In etwas mehr als 100 Jahren vergrößerten die Johanniter den Besitz der Komturei immens. Orte wie Peetsch und Blankenförde fielen an den Orden.

Mirows ältestes Gebäude: Das Torhaus

Seit Mitte des 16. Jahrhunderts setzten die Herzöge von Mecklenburg den Komturherren ein und gewannen so faktisch die Macht über das Land der Komturei. Seit 1587 residierten die Landesherren in Mirow. Im Westfälischen Frieden wurde ihnen der Besitz der Komturei schriftlich bestätigt. Nach dem "Hamburger Vergleich" übernahm **Adolf Friedrich II.** die Herrschaft in Mecklenburg-Strelitz. Er machte es zur Tradition, daß die Herzöge in Mirow beigesetzt wurden.

1730 brannte ganz Mirow ab, 1742 traf die Gebäude der Schloßinsel das gleiche Schicksal. Lediglich das Torhaus blieb von den Flammen verschont. Als die Herzöge ihren Wohnsitz 1761 endgültig nach Neustrelitz verlegten, schwand die Bedeutung des Ortes. "Fortan führten Ort und Schloß ein verträumtes Dasein", heißt es in einer Broschüre über das Residenzschloß Mirow.

i 1588 ließ Herzog Karl einen Burgwall an der Schloßinsel aufschütten. Aus der Halbinsel wurde so eine Insel, die nur über eine Zugbrücke erreichbar war. An deren Ende wurde das Torhaus errichtet, das heute die Touristen-Information beherbergt.

1708 wurde an die Stelle des Ordenshauses ein Schloß gebaut, das der Witwe des verstorbenen Herzogs Adolf Friedrich II. als Alterswohnsitz diente. 1742 brannte es ab. Zwischen 1749 und 1752 wurde das bis heute erhaltene sogenannte Obere Schloß unter der Leitung von Christoph Julius

Löwe erbaut. Vis a vis entstand 1758 das Küchen- und Kavaliersgebäude. Bewohnt wurden die Schloßgebäude indes nie - die Witwe verstarb, Friedrich Adolf IV. nutzte es lediglich sporadisch.

Nach der Enteignung der Herzogfamilie nach dem Ersten Weltkrieg diente das Schloß zunächst als Offiziersheim der Wehrmacht, später als Filmkulisse für die Babelsberger DEFA-Studios und schließlich als Seniorenheim. Momentan wird es renoviert. Festsaal, üppige Stuckdekorationen und Wandvorlagen aus farbigem Marmor können nicht vor 2003 wieder besichtigt werden.

Als Wohnsitz des Prinzen wurde 1735-1737 das sogenannte Untere Schloß außerhalb der Insel erbaut. 1766 wurde an dessen Stelle ein zweistöckiger Neubau errichtet, der ab 1820 als Lehrerseminar diente. Als "Landesschule für Leibesübungen" fungierte der Bau seit 1925. 1992 wurde dort schließlich das Sophie-Charlotte-Gymnasium eingerichtet.

Im Schloßgarten läßt es sich unter Sommerlinden, Silberpappeln und Blutbuchen auf Holzbänken gut verweilen. Im Garten gibt es ein öffentliches WC.

Vor der Schloßinsel liegt ein zweites kleines Eiland, die Grab- oder Liebesinsel. Eine Brücke führt zu dem romantischen Ort. Der letzte Herzog von Mecklenburg-Strelitz, **Adolf Friedrich VI.**, fand dort seine letzte Ruhestätte. Eine gebrochene Säule symbolisiert sein frühes Ausscheiden aus dem Leben. 36jährig hatte sich der Herzog 1918 das Leben genommen.

Über die Ursachen seines Selbstmordes gibt es zwei Versionen. Während des Ersten Weltkrieges soll er vertrauliche Informationen an das verwandte englische Königshaus weitergegeben haben. Deshalb sollte er wegen Spionage vor Gericht gestellt werden. Romantischer ist die Version, der Herzog sei wegen seiner unglücklichen Liebe zu Fürstin Daisy Pleß aus dem Leben geschieden. Die um die Grabsäule geschlungene Schlange soll diese Todesursache nahelegen.

Bootshäuser bei Mirow

Johanniterkirche

✝ Das älteste Bauwerk Mirows ist die Johanniterkirche. In der ersten Hälfte des 14. Jahrhunderts errichteten die Ordensritter das Gotteshaus im frühgotischen Stil. Wenig später wurde das Kirchenschiff durch einen Choranbau erweitert. Zwischen Chor und Schiff befand sich ein Treppenturm, um den sich die Legende rankt, er hätte später das Untere Schloß mit der Insel durch einen Geheimgang verbunden. Im September 1842 brannte die Kirche aus. Bereits zwei Jahre später wurde sie wieder eingeweiht. Am Kirchturm wurde drei Jahre länger gearbeitet. Das Kupfer für die Turmspitze stiftete **Friedrich der Große**.

1945 brannte der Kirchturm erneut. Deutsche Soldaten steckten ihn am 1. Mai des Jahres an, um den anrückenden sowjetischen Truppen keinen Aussichtspunkt zu überlassen. Fünf Jahre später wurde die Kirche erneut eingeweiht. 1993 erhielt Mirow seine barocke Kirchturmspitze wieder. Seit August 1997 ist der Aufstieg zu einer Aussichtsplattform auf dem Turm möglich. 146 Stufen müssen Besucher erklimmen, um den schönen Ausblick über Stadt und See aus 29 m Höhe genießen zu können.

♦ Der Turm ist von Mai bis Oktober täglich 10:00 bis 17:00 geöffnet. Die Kirche mit der Fürstengruft kann in den Sommerferien werktags zwischen 10:00 und 17:00 besichtigt werden, außerhalb dieser Zeit nach telefonischer Absprache ☏ 0160/2906880.

Der erste Herzog von Mecklenburg-Strelitz ließ 1704 die Gruft der Komturherren in der Johanniterkirche erweitern. Die Herzöge, ihre Frauen und engsten Verwandten wurden fortan in dieser Gruft beigesetzt. Drei Trauerfeiern wurden für regierende Herzöge ausgerichtet: eine erste im Schloß Neustrelitz, eine zweite in der Schloßkirche dort und eine abschließende in der Johanniterkirche zu Mirow. Seit 1998 ist die Gruft wieder von der Kirche aus zu besichtigen. Sie enthält die Särge fast aller Fürsten der Strelitzer Linie.

Das westliche Ufer des Mirower Sees ist Wasserskifahrern vorbehalten. Der Weg ins "Seerosenparadies" ist für Kanuten deshalb gelegentlich wellig. Wer selber einmal von einem Motorboot gezogen werden möchte, kann entweder von der Badestelle (Reservierung ☏ 0170/8803961) oder von der Schloßinsel hinter dem Schloßhotel (☏ 20346 + ☏ 0173/5934862) starten.

Berühmtestes Kind der Stadt ist **Sophie Charlotte**. 1744 wurde die Prinzessin zu Mecklenburg-Strelitz in Mirow geboren. Bruder Adolf Friedrich IV. übernahm die Regentschaft in Mecklenburg, sie heiratete 1761 den englischen König Georg III. Ihr zu Ehren erhielt eine von englischen Auswanderern im US-Bundesstaat Arizona gegründete Stadt den Namen Charlottetown. Der englische Botaniker Joseph Banks nannte ihr zu Ehren eine aus Südafrika eingeführte Lilienart "Strelitzie". 1818 starb Sophie Charlotte in Kew bei London. Sie ist die Großmutter von Königin Victoria, die einem ganzen Zeitalter ihren Namen gab.

70,5 Der Kanal am Rastplatz für Wasserwanderer kann in zwei Richtungen verlassen werden. Wer zurück zum Dampferanleger fährt, muß sich rechts halten und kommt zunächst am "Seehotel", dann an der Liebesinsel vorbei.
Wer den Kanal unter der Brücke am Torhaus weiter befährt, kommt auf der anderen Seite der Liebesinsel heraus. Es schließt sich eine Bucht an, an dessen Ende der Campingplatz, die Badeanstalt sowie das Strandrestaurant liegen.

Die Mirow-Leppiner Seenkette, die sich anschließt, wird auch als "Seerosenparadies" bezeichnet. Sie ist eine der längsten Rinnenseenketten des Landes. Die Gewässer sind maximal 6 m tief und liegen etwa 2 m tiefer als die der Großseenplatte.

72,5 Die Kennzeichnung der Ausfahrt des **Mirower Sees** ist schon von fern sichtbar. Vor der Ausfahrt knickt der See nach links ab. Dort befinden sich ein weiterer Campingplatz und die Jugendherberge.

Wenn Sie der Hauptroute folgen, paddeln Sie geradeaus auf das **Granzower Möschen**. Von hier bis zum **Leppinsee** sind Motorboote verboten. Eine Ausnahme bilden die Anlieger und Benutzer des Campingplatzes Leppinsee. Motorenlärm, Benzingeruch und Wellen werden aber spürbar weniger.

73,5 Am rechten Ufer rücken die Kanustation Granzow, ein ⛺ Campingplatz und eine Badestelle (mit kleinem Strand und künstlichen Holzinseln) ins Bild.

Granzow

✉ 17252 ✆ 039833

⛺ Der Campingplatz wird von der Kanustation Granzow geführt.

🚌 Busse der Linie 670 fahren nach Mirow.

☺ Die Busse der Fischadler-Linie halten in Granzow nur an der Hauptstraße. Von dort sind es mehrere hundert Meter zum Strand. Die Kanustation verleiht Bootswagen.

✕ Bistro Entenhausen, Dorfstraße 1.

♦ Taun Möckenkrug, Pizzeria und Restaurant. Befindet sich zur Linken der Badestelle.

♦ Räucherhof Familie Smentek, Dorfstraße 11, ☎ 0172/8735855. Hier werden täglich frisch geräucherter Fisch, Fischbrötchen und Getränke angeboten.

Kanustation Granzow, Am Badestrand, ☎ 21800, FAX 21844, <kanustation@t-online.de> April bis Oktober täglich 9:00 bis 19:00. Hier werden Kanu-Kurse, naturkundliche Touren und Fackelfahrten angeboten. 🚲 Es gibt auch einen Fahrradverleih.

In den Waschmaschinen des Ferienparks Mirow dürfen auch die Wasserwanderer ihre Wäsche reinigen, Dorfstraße 1a, ☎ 600, 💻 <www.ferienpark-mirow.com>

FUN Minigolfschläger können im Taun Möckenkrug geliehen werden. Der Ferienpark bietet auch denjenigen, die dort kein Apartment bezogen haben, seine Dienste an, z.B. 🚲 Fahrradverleih, Reitunterricht und Ponyreiten sowie einen Streichelzoo und Kutschfahrten.

🛒 SB-Markt neben der Rezeption des Ferienparks.

🚲 Fahrradverleih Hoffmann (mit Pannenhilfe), Granzow 24a.

Nicht weit entfernt im sogenannten **Erbsland** liegt der baumkundliche Garten. Seit 1887 werden dort exotische Baumarten angepflanzt. Das Arboretum ist eine der ältesten Anbauflächen in Deutschland. Zu Fuß ist es etwa eine halbe Stunde Wegs, mit dem Bus ist es eine Station in Richtung Neustrelitz.

75 Sie fahren zunächst auf eine grüne Insel zu, die Sie anschließend links liegen lassen. Am rechten Ufer befindet sich ein Angelsteg, der zum Ferienpark gehört.
Der Übergang zum **Kleinen Kotzower See** ist etwa 10 m breit und von Schilf und Seerosen gesäumt.

75,5 Halten Sie sich auf dem Kleinen Kotzower See am rechten Ufer, damit Sie die Zufahrt zum **Großen Kotzower See** nicht verpassen. Diese Zufahrt ist ebenfalls nur 10 m breit und 150 m lang.

77,5 Vom Großen Kotzower See fahren Sie auf die **Mössel** und gelangen über diese schließlich auf den **Leppinsee**.

79 Der ⛺ Campingplatz am Leppinsee befindet sich am rechten Seeufer,

⛺ Campingplatz am Leppinsee, 17252 Schillersdorf, ☎ 03981/24790, FAX 03981/24799,

Schillersdorf ist etwa einen Kilometer entfernt. Erstmals erwähnt 1270, wurde der Ort 1935 zum Bombenübungsplatz erklärt; die Bewohner mußten das Dorf verlassen. Nach dem Zweiten Weltkrieg wurde es wieder aufgebaut und besiedelt.

6. Leppinsee - Müritz (Zielow)

Die sechste Etappe führt auf die **Müritz**, den größten komplett in Deutschland liegenden Binnensee. Durchschnittlich ist dieser nur 6 m tief. Dadurch kommt es schnell zu hohem Seegang. ✋ Schon bei Windstärke 3, die auf den kleinen Seen nicht problematisch wäre, entstehen auf der Müritz unangenehme, kabbelige Wellen. Es empfiehlt sich vor dieser Etappe ein Blick auf die Wettervorhersage.

☺ Unter ☎ 0190/116050 sagt der Deutsche Wetterdienst das Wassersportwetter für die Mecklenburgische Seenplatte voraus. Das kostet allerdings etwa 60 Cent pro Minute.

Ein zweites Problem stellt gelegentlich die Unterkunft am ca. 13 km entfernten Etappenziel dar. Die Jugendherberge Zielow (☞ Zielow, 📷 S. 67) ist im Sommer meist schnell ausgebucht. Rechtzeitige Reservierung ist anzuraten. Zelten ist auf dem Gelände nur in Notfällen erlaubt. Die etwas teurere Alternative dort ist das Hotel Seehof, die günstige der Campingplatz, der jedoch nicht direkt am See liegt. Etwa 400 m sind es von der Badestelle zum Zeltgelände. Weitere Alternativen sind die Campingplätze am Bolter Ufer und in Boek am Ostufer der Müritz (☞ Boek und Bolter Mühle).

80 Bis zur Müritz sind 7,5 km durch die wunderschöne Landschaft des Nationalparks zurückzulegen. Vom Campingplatz am Leppinsee fahren Sie rechts den See hoch und lassen dabei eine Schilfinsel links liegen.
Die am Ende des Sees auftauchende Bucht lassen Sie rechts liegen. Um zum Ausgang des Sees zu gelangen, steuern Sie geradeaus aufs nördliche Ufer zu.

80,5 Der Übergang zum **Woterfitzsee** ist nur etwa 7 m breit und von Buchen gesäumt (📷 S. 67). Hier ist es so flach, daß die Sonne bis auf den Grund scheint.

82 Auf dem Woterfitzsee dürfen Sie nur entlang der gelben Betonnung fahren. Links von den Fässern liegt eine Schilfinsel, die nicht betreten werden darf. Die Tonnen leiten zur Abfahrt des Sees. Hier können im Sommer sehr gut Federlibellen und Gemeine Binsenjungfern beobachtet werden.

83 Um auf den **Caarpsee** zu gelangen, paddeln Sie durch eine Verengung aus Schilf. Auf dem See geben Tonnen den Weg vor.

83,5 ✋ Die Kennzeichnung der Abfahrt vom algenreichen Caarpsee wird von Ästen und Blättern leicht verdeckt.

84,5 Kurz vor der Umtragestelle an der **Bolter Mühle**, kommen Sie am rechten Ufer an einem Rastplatz vorbei. Eine zweite Anlegemöglichkeit gibt es an der Teichwirtschaft Bolter Mühle. Hier können Sie

Am Ellbogensee (S. 86)

Neustrelitz von oben (S. 93)

Betonnung am Woterfitzsee

ofenfrischen Räucherfisch und Getränke kaufen sowie Angelkarten für die Teiche erwerben und Ruten ausleihen.

In den Jahren 1832 bis 1837 wurde der **Bolter Kanal** (und die Schleuse) angelegt, der die Müritz mit der Kleinseenplatte verband. Mit dem Bau der **Mirower Hubschleuse** und dem Müritz-Havel-Kanal in den 30er Jahren des 20. Jahrhunderts verlor die Schleuse ihre Funktion und wurde verfüllt. Kanuten müssen also umtragen. An der Umtragestelle gibt es einen etwas unhandlichen Bootswagen.

85,5 Im Bolter Kanal paddeln Sie durch unzählige Algen. Hinter einigen reetgedeckten Häusern knickt der Kanal nach rechts ab. Die Abzweigung nach links ist eine Sackgasse!

Ausfahrt zum Caarpsee bei km 83

86,5 Kurz vor der Zufahrt zur Müritz ist auf der rechten Seite ein langer Holzsteg. Der Anleger gehört zum "Urlaubsparadies Müritzufer".

♦ Naturcamping Bolter Kanal, ☏ 039823/2530, FAX 253232,

Am Eingang zur Müritz befindet sich am linken Ufer ein Rastplatz. Wollen Sie zum Etappenziel Zielow, biegen Sie nach links ab. Alternativ können Sie in Boeker Mühle (500 m) oder Boek übernachten, die rechts liegen.

Boeker Mühle

17248 039823

Der Ort verdankt seinen Namen der Wassermühle, die hier vom 13. bis zum 19. Jahrhundert betrieben wurde. Sie nutzte den Höhenunterschied von früher 4 m zwischen Groß- und Kleinseenplatte aus.

Nationalparklinie 026 nach Waren und Linie 045 nach Mirow.

Campingplatz Bolter Ufer, ☏ 21261-11, FAX 21267.
Katamaran- und Surfmühle, ☏ 039823/21280, direkt am Zeltplatz.
Gaststätte Zum Bolter auf dem Campingplatz.
An den Boeker Fischteichen bestehen gute Chancen, Fisch- oder Seeadler auf Beutesuche zu beobachten. Bei den 20 Teichen ist ein Aussichtspunkt eingerichtet. In dem 175 ha großen Wassergebiet werden vornehmlich Karpfen gezüchtet. Zahlreiche Wasservogelarten sind hier beheimatet.

2 km weiter nördlich am Ostufer liegt der Zeltplatz Boek.

Boek

17248 039823

Im Gutshaus Boek, ohne Telefonanschluss. Mai bis September täglich 10:00 bis 17:00. Das Gutshaus ist das Zentrum des Orts. Vom Campingplatzausgang 300 m nach rechts. Dort fahren die Busse ab. Auch Telefonzellen, ein Imbiß und ein Spielplatz sind dort zu finden.
Linie 045 nach Mirow, Fischadlerlinie nach Kratzeburg und Neustrelitz.
Campingplatz Boek, ☏ 21807-61, FAX 21267,
Landhaus Boek, ☏ 29120, FAX 291269, Kutschfahrten in den Wildpark.
Hotel Müritz-Park, Boeker Straße 3, ☏ 21559, FAX 21560.
♦ Pension und Restaurant Jägerrast, Boeker Straße 22, ☏ 21274, FAX 21356, EZ/DZ ab € 33/43.
Der Schloßkrug, im Gutshaus.
Wildpark Boek, Rot- und Damwild, Dachse, Füchse und andere einheimische Tiere sind zu sehen. Informationen gibt es im Landhaus Boek.
⌘ Zinnfiguren Museum im Gutshaus Boek.
♦ Dorfmuseum im Gutshaus Boek.
KulTourLaden, im Gutshaus, ☏ 21254.

1273 wurde Boek zum ersten Mal urkundlich erwähnt. Böke ist das mittelniederdeutsche Wort für Buche. Der Ort lag damals in einem Buchenwald.

Wenn Sie bis Zielow paddeln möchten, biegen Sie am Ende des Bolter Kanals links ab und fahren entlang der ufernahen Betonnung. Direkt hinter der Kanalausfahrt liegt eine Badestelle.

Kirche in Rechlin Nord

89 Links ist die Zufahrt zum **Claassee** und der Ort **Rechlin Nord** zu sehen. Bei Wetterumschwung kann hier eingebogen und am ✕ Hafenbistro "Captain's Inn" pausiert werden.

90 Wenn Sie den weißen Kirchturm von Rechlin Nord zu Ihrer Linken erblicken, sollten Sie über die Müritz auf die gegenüberliegende Jugendherberge in Zielow zusteuern, denn die voraus liegende Bucht ist flach und steinig und sollte gemieden werden.

92 Die Jugendherberge ist von Weitem als weißes Haus mit rotem Dach zu erkennen.

Nördlich der Jugendherberge liegen zwei Badestellen, an denen Sie anlanden sollten, wenn Sie auf dem Zeltplatz übernachten wollen. Hinter dem Segelbootanleger folgt der Steg des Hotels Seehof.

Zielow

✉ 17207 ✆ 039923

- Campingplatz Zielow an der Müritz, Am Seeufer 1, ☏ + FAX 59113.
- Linie 032 nach Röbel.
- Jugendherberge Müritzblick, Seeufer 10, ☏ + 2547, FAX 28096.
- Seehof Zielow, Seeufer 11, ☏ 7020, FAX 70244, EZ/DZ ab € 50/82, ✕
- Segelschule/Kanustation, Seeufer 7, ☏ 2011, <www.tokon.de>

☹ In Zielow gibt es keinen Lebensmittelladen. Das nächste Geschäft befindet sich im 3 km entfernten Vipperow. Der Wanderweg dorthin führt an der Jugendherberge vorbei.

Vipperow

✉ 17209

- ✝ Der Feldsteinbau ist im 13. Jahrhundert erbaut worden. In dem Gotteshaus werden ständig wechselnde Ausstellungen gezeigt.
- Vipperower Kanutreff, Mirower Straße 14. Hier auch Fahrradverleih.

Altstadt von Röbel aus der Vogelperspektive (S. 102)

Vipperow ist nicht nur wegen des Lebensmittelladens in der Dorfstraße einen Besuch wert. Auf dem Stallschornstein von Haus Nr. 5 des 1178 zum ersten Mal urkundlich erwähnten Dorfs brütet jedes Jahr ein Storchenpaar.

☺ Paddler auf der Alternativroute nach Waren lesen weiter auf S. 101.

7. Müritz (Zielow) - Zotzensee

Von Zielow aus geht es rechts weiter die Müritz hinunter in Richtung Kleine Müritz. Die siebte Etappe ist 17 km lang.

Wasserwanderwegweiser auf der Müritz

94 Kurz vor dem Übergang zur Kleinen Müritz liegt rechts ein braunes Bootshaus. Dahinter sind einige Häuser und das Dach der Fachwerkkirche von **Vipperow** zu sehen. Links liegt eine kleine, mit Bäumen bestandene Insel und dahinter Rechlin.

Rechlin

Ew. 2.400 ✉ 17248 ✆ 039823

Tourismus-Information Rechlin, Neuer Markt 2, ☎ 21261, FAX 21267, 💻 <www.suedmueritz.de>. Ferienquartiervermittlung, Ortspläne, Wanderkarten, Ansichtskarten und Informationsmaterial.

Linie 031 nach Röbel, Linie 045 nach Mirow und Boek, Linie 046 nach Mirow und Röbel.

Polizeistation Rechlin, Müritzstraße 56b, ☎ 21795

Luftfahrttechnisches Museum Rechlin, Am Claassee, ☎ 20424.

Müritz-Apotheke, Neuer Markt 18, ☎ 21540.

Agentur im Hobbymarkt Ronneberger, Imkerweg 2, ☎ 21296.

Sparkasse mit ec-Automat in der Marktpassage, Neuer Markt.

Seglerheim Rechlin, Fritz-Reuter-Straße 28, ☎ 21504. ☺ Hier gibt es auch einen Wasserwanderrastplatz.

- ♦ Gasthaus Rechlin, Am Stadion, ☏ 21712.
- ♦ Pizzeria Kulinar, Neuer Markt 10, ☏ 21683.
- ♦ Uferstübchen, Alter Markt 7, ☏ 21842.
- 🛒 Supermarkt, Fleischerei und Bäckerei befinden sich an der Müritzstraße vor der Polizeistation.
- ✋ Es gibt in Rechlin weder ein Hotel noch eine Pension. Zwei Doppelzimmer werden jedoch privat von Frau Wendland, Am Höpen 3, ☏ 21465, etwa € 25, angeboten.
- 🚲 Ferienanlage Yachthafen Rechlin GmbH, Fritz-Reuter-Straße 52-53, ☏ 20520, FAX 27852.

Luftfahrttechnisches Museum

Rechlin war ursprünglich ein Bauerndorf slawischen Ursprungs. 1374 wurde es erstmals erwähnt. Das Dorf blieb bis ins 20. Jahrhundert adeliger Besitz. 1884 hatte es 110 Einwohner. Ein sprunghafter Anstieg der Einwohnerzahl im 20. Jahrhundert ist mit der Luftrüstung verbunden, denn auf dem Flugplatz Rechlin wurden Soldaten ausgebildet. Bekanntester Absolvent war Heinz Rühmann, der hier 1941 einen vierwöchigen Lehrgang absolvierte.

Nach dem Zweiten Weltkrieg wurde Rechlin zu einem bedeutenden Garnisonsstandort für die sowjetische Armee. Die Stadt wurde durch eine Mauer in einen sowjetischen und einen deutschen Teil getrennt. 1963 richtete auch die Nationale Volksarmee ein Nachrichtengerätelager im Ort ein. Rechlin hatte 1990 etwa 2.400 deutsche Einwohner und 4.000 Rotarmisten. 1993 wurden die GUS-Liegenschaften zurückgegeben - 1996 fiel in Rechlin ein zweites Mal die Mauer.

96,5 Lassen Sie Rechlin und eine grüne Insel links, den Müritzarm rechts liegen, und überqueren Sie geradeaus die **Kleine Müritz** in Richtung Sumpfsee. Die Zufahrt zum **Sumpfsee** verengt sich nach einer Autobrücke. Die Wasserstraße ist hier etwa 30 m breit und am Ufer wechseln sich Schilf und Laubbäume ab. Kurz vor dem Sumpfsee gibt es rechts einen schönen Rastplatz.

Aufgeschreckter Entenschwarm

Am linken Ufer des Sumpfsees steht viel Schilf. Sie passieren eine mit Laubbäumen bewachsene Insel. Auf der rechten Seite liegen Bootshäuser.

97,5 Nach der Abfahrt vom Sumpfsee verengt sich die **Müritz-Havel-Wasserstraße** auf 25 m Breite.

99 Sie paddeln unter zwei Brücken durch. Hinter der zweiten liegt auf der rechten Seite Lärz. Der Ort ist jedoch vom Wasser aus nicht auszumachen.

104 Die **Mirower Hubschleuse** ist ein technisches Denkmal (S. 63). Die in den 30er Jahren gebaute Schleuse ist die einzige an der Kleinseenplatte, die mit sich hebenden Toren arbeitet.

109 Hinter der Schleuse halten Sie sich rechts und paddeln in Richtung Zotzensee (☞ Tag 5). Am Ende des Sees liegt der Campingplatz auf der linken Seite.

Campingplatz am Zotzensee, Dorfstraße 10, 17252 Peetsch, ☏ 039833/22068. Hier sind auch Angelkarten erhältlich.

Am nördlichen Ende des **Zotzensees** hat es früher einen zweiten Zeltplatz gegeben, der auf einigen Karten fälschlicherweise noch eingezeichnet ist.

Der nächste Ort mit Gastronomie und Hotelbetten ist das 20 Minuten Fußweg entfernte Peetsch.

Peetsch

17252 039833

Pension Am Peetscher See, Dorfstraße 23, ☏ 21315, FAX 21329, EZ/DZ ab € 35/50.

Eisdiele und Pizzeria Heise, Dorfstraße 20, ☏ 20887, Mai bis Oktober täglich ab 12:00, Oktober bis Mai nur an Wochenenden und Feiertagen.

8. Zotzensee - Kleiner Pälitzsee

Lediglich 10,5 km sind auf diesem Abschnitt zurückzulegen. Zwei Schleusen behindern jedoch ein zügiges Durchpaddeln.

111,5 Vom Campingplatz Zotzensee aus biegen Sie links auf den **Mössensee**. Hinter den Campingplätzen geht es auf den **Vilzsee**.

FKK-Campingplatz am Mössensee

112,5 Links ist von hier aus schon die Kennzeichnung der Abfahrt vom Vilzsee zu sehen. Ehe Sie zur Müritz-Havel-Wasserstraße gelangen, müssen Sie die **Oberbek**, die Verbindung zum Rätzsee, links liegen lassen.

113,5 Am Anfang des Kanals befinden sich links und rechts Rastplätze. Hinter einer Brücke folgt rechts der **Große Peetschsee**. Halten Sie sich jedoch am linken Ufer, um zur Schleuse Diemitz zu gelangen.

Schleuse Diemitz

17252 039827

Biber Tours, Diemitzer Schleuse 5, 17252 Diemitz, 30011, FAX 30111, <www.bibertours.de>

Gaststätte Zum Biber, werktags 10:00 bis 20:00 und wochenends 9:00 bis 20:00, sonntags 10:00 bis 16:00 Brunch.

Bei der Gaststätte Zum Biber ein Laden mit großer Auswahl an Camping- und Angelbedarf (auch Kanus und Zelte) sowie Lebensmitteln.

Hinter der Schleuse müssen Sie sich weiter links halten und nicht in die Ausbuchtung rechter Hand paddeln. Die Wasserstraße ist hier etwa 20 m breit. Auf dem **Labussee** angelangt, halten Sie sich am besten in der Seemitte. In der Bucht auf der linken Seite befindet sich ein Zeltplatz.

Biber-Campingplatz, Diemitzer Schleuse 5, 17252 Diemitz, 039827/30599,

114 Auf der rechten Seite in einer zweiten Bucht liegt ein weiterer Campingplatz sowie eine Badestelle.

Camp am Labussee, Mirower Landstraße 4, 17255 Canow,
039828/20272, FAX 039828/20644,

116,5 Die roten und grünen Tonnen kennzeichnen die Fahrrinne für Motorboote, die rechts zum Canower See abbiegen wollen. Vor dem Ausgang des Sees liegt eine Schilfinsel. Kanuten paddeln rechts an ihr vorbei, um den Motorbooten nicht ins Gehege zu kommen. Direkt vor der Zufahrt zum Canower See ist auf der rechten Seite eine Badestelle.

117 Hinter der Insel müssen Sie rechts in einen Kanal einbiegen, der Sie zur **Schleuse Canow** führt. Auf der linken Seite des Kanals sehen Sie einen Fischverkauf. Hier können Sie anlegen. Bänke und Tische stehen für ein Picknick bereit. Für Fischfans unbedingt zu empfehlen, ansonsten gibt es auch Getränke und Eis. Hinter dem Fischimbiß liegt an einer Abzweigung links der Anleger eines Cafés. Wenige Meter weiter führt rechts eine Abzweigung zu privaten Bootsanlegern, links geht es zur Schleuse Canow. Auf dem Weg dorthin unterqueren Sie eine Autobrücke.
Bei der Schleuse haben Sie keine Wahl: Umtragen ist hier nicht möglich.

Canow

17255 039828

Linie 649 nach Neustrelitz und Kleinzerlang.

Gasthaus Zur Schleuse, Canower Allee 20, 20392, FAX 20138, EZ/DZ mit Frühstück ab € 25/45.

♦ Pension Ambiente, Canower Allee 21, 20053, FAX 20085.

Kleine Waldschänke, Mirower Landstraße 3, + FAX 20425.

♦ Gaststätte Pavillon Canow, Canower Allee.

♦ Kiosk und Imbiß an der Canower Allee.

Andrea's Einkaufseck, Canower Allee, werktags 8:00 bis 12:00 + 13:00 bis 18:00, wochenends 8:00 bis 12:00.

Bootsverleih Hannelore Volak, Am Canower See 2, 20249.

Canow wurde 1371 zum ersten Mal erwähnt. In dem Schriftstück wurde vereinbart, daß das Zentrum des Orts, die Burg, geschleift werden sollte. Canow muß also wesentlich älter sein.

118,5 Rechts hinter der Schleuse geht es wiederum zu privaten Bootsanlegern. Fahren Sie daran vorbei, um auf den Canower See zu gelangen. Auf dem **Canower See** ist zunächst rechts eine Angelbucht. Etwa 100 m weiter können Sie am linken Ufer bei der Bierbar Oase anlegen, die einen schönen Biergarten hat.

119,5 Am linken Ufer stehen Ferienbungalows und Häuser mit breiter Fensterfront. Hinter dem letzten Bungalow sind es noch 300 m bis zum Anleger des Zeltplatzes.

Campinganlage am Kleinen Pälitzsee, ☎ 039828/20220.

Bei gutem Wetter bietet sich am frühen Abend ein Abstecher nach Kleinzerlang an. Dazu paddeln Sie vom Zeltplatz geradeaus über den See, an einer Landspitze vorbei und halten sich dann etwa 1,5 km weit am rechten Ufer.

Kleinzerlang

16831 033921

Landhotel Lindengarten, Dorfstr. 33, ☎ 7680, FAX 76819.

Kanu Connection Berlin, Dorfstr. 7, ☎ + FAX 70454.

Landhafen Boot & Mehr, Am Kleinen Pälitzsee, ☎ 70445.

In der Bucht, an der Kleinzerlang liegt, gibt es am linken Ufer einen Biergarten, der direkt am Wasser liegt (schließt 20:00). Er gehört zum "Landhafen Boot & Meer". Wer nicht zelten möchte, findet in Kleinzerlang ein weiches Bett.

9. Kleiner Pälitzsee - Ellbogensee

Vom Kleinen Pälitzsee bis zum Camp am Ellbogensee sind weitere 11 km zurückzulegen.

121,5 Sie paddeln zunächst auf eine Verengung des **Kleinen Pälitzsees** zu. Am rechten Ufer sehen Sie die Badestelle von **Großzerlang**.

122,5 Der Kleine Pälitzsee verengt sich erneut. Dahinter kommen Sie auf den **Großen Pälitzsee**.

124 Strasen befindet sich am nördlichen Ende des Sees. Kurz vor der Schleuse in Strasen gibt es am rechten Ufer eine Badestelle. Links geht die **Große Flake** ab, auf der jede Form von Bootsverkehr verboten ist.

124,5 Noch vor der Schleuse gibt es die Gelegenheit, einen Imbiß einzunehmen: auf der linken Seite bieten ein Fischverkauf und ein Eiscafé, auf der rechten das Hotel und Restaurant Zum Löwen ihre Dienste an.

Strasen

17255 0398282

Linie 649 nach Neustrelitz und Kleinzerlang. Der Bus fährt vor der Kirche ab. Dort steht auch eine Telefonzelle.

Hotel und Restaurant Zum Löwen, Familie Töller, 17255 Strasen, Tel. 20285, FAX 20391, EZ/DZ ab € 35/60,

www.loewenhotel.de 64€/DZ

In einem Schriftstück aus dem Jahr 1317 wird die Burg Strasen erwähnt. Wo diese gestanden hat, ist bisher nicht geklärt. Mehrmals brannte das Dorf in der frühen Neuzeit ab. Durch den Bau der Schleuse in den 30er Jahren des 19. Jahrhunderts bekam der Ort einen Anschluß an die Müritz und damit an die Elbe.

125,5 Hinter der Schleuse gelangen Sie auf den **Ellbogensee** (S. 75). Zur Linken befindet sich der Ferienpark am Ellbogensee (Tel. 039828/259150). Da hier verhältnismäßig viele Motorboote unterwegs sind, halten Sie sich möglichst nah am rechten Ufer.

127,5 Am linken Seeufer liegt der Ort **Priepert**. Diesen passieren Sie und steuern in den südlichen Teil des Ellbogensees.

Hafenausfahrt von Röbel (S. 102)

Marktplatz in Waren (S. 116)

129,5 Der See verengt sich. Die dahinter auf der linken Seite liegende Abzweigung führt zur Feldberger Seenplatte und weiter die Havel hinauf bis Berlin.

130 Sie paddeln geradeaus auf den bereits sichtbaren Zeltplatz zu.

Camp am Ellbogensee, 16798 Großenmenow bei Fürstenberg, Tel. 033093/32173, FAX 033093/32204,

In Spazierweite, etwa 30 Min. Fußweg über schöne Waldwege, liegt der **Große Stechlin**, der für sein klares Wasser bekannt ist. Bis zu 12 m tief kann man hier auf den Grund sehen.

10. Ellbogensee - Drewensee

132,5 Zunächst geht es den **Ellbogensee** wieder hinauf bis Priepert. In Ufernähe ist der See teilweise sehr flach. Vor der Abfahrt nach Priepert liegt eine Bucht, die wie eine Durchfahrt anmutet. Sie müssen erst hinter dem Yachthafen nach rechts abbiegen. Am Hafen können auch Kanuten anlegen und sich im hafeneigenen Restaurant (Dorfstraße 37) einen Snack genehmigen. Am Hafen haben Sie bereits 2,5 der heute zurückzulegenden 13 km hinter sich gebracht.

Priepert www.pension-havelbruecke.de

17255 039828

Linie 649 nach Neustrelitz und Kleinzerlang, Haltestelle gegenüber der Kanustation. Dort steht auch eine Telefonzelle.

Pension und Café Havelbrücke, Dorfstraße 59, Tel. 20448.

Café und Restaurant Sonneneck, Dorfstraße 14a. Täglich außer dienstags 11:30 bis 22:00. Schöner Biergarten.

Kanustation Priepert, Dorfstraße 65, Tel. 20147.

Einkaufsquelle, Dorfstraße 21.

Das Dorf hat inzwischen mehr als 650 Jahre auf dem Buckel - 1351 wurde es zum ersten Mal urkundlich erwähnt. 1702 erwarb Landesfürst **Adolf Friedrich II.** von Mecklenburg-Strelitz die Halbinsel. Traditionell lebten die Bewohner von Fischerei und der Tierhaltung. Im 19. Jahrhundert änderte sich das kurzzeitig, mehrere Ziegeleien eröffneten damals in Priepert. Inzwischen sind sie alle wieder geschlossen. Heute verdienen die Einwohner ihr Geld mit der Landwirtschaft und dem Tourismus.

✞ Mittelpunkt des Ortes ist die 1999 bis 2000 restaurierte Kirche, die als solche zunächst nicht ins Auge springt. Seit 1968 besitzt sie keinen Kirchturm mehr. Am Ende des Zweiten Weltkriegs hatten sowjetische Truppen den Turm, der deutschen Soldaten als Aussichtspunkt diente, beschädigt. Nach dem Kriegsende restaurierten die Bewohner das Wahrzeichen des Ortes nur notdürftig. Wegen Einsturzgefahr wurde der Turm 1968 abgetragen.

Das Gotteshaus in Priepert

133 Die etwa 25 m breite Durchfahrt endet hinter einer Brücke. An der Einfahrt zum **Großen Priepertsee** liegt das Café und Restaurant Sonneneck sowie das Café Havelbrücke. Rechter Hand liegt die Badestelle von Priepert. Wer nicht baden möchte, hält sich indessen besser am grünen linken Ufer. Im oberen Teil des bis zu 30 m tiefen Sees ist die rechte Seite für Wasserskifahrer reserviert.

135 Der See verjüngt sich am oberen Ende. Dahinter liegt der **Kleine Priepertsee**, der seinem Namen alle Ehre macht: Bereits 200 m weiter verengt sich der See erneut.

135,5 Es folgt der schöne **Wangnitzsee**. Wer ein paar Meter extra paddeln möchte, hat hier eine tolle Gelegenheit dazu.

137,5 Zum **Drewensee** biegt man statt dessen scharf links ab auf die **Obere-Havel-Wasserstraße**. Teich- und Seerosen in Mengen säumen den etwa 30 m breiten Weg. Ein schöner Rastplatz mitten in der Natur kommt am rechten Ufer in Sicht. Dahinter folgt eine scharfe Rechtskurve. Die Bucht zur Linken nennt sich **Finow See**.

138 Um auf den Drewensee zu gelangen, müssen Sie unter der **Ahrensberger Hausbrücke** hindurchpaddeln. Direkt hinter der Brücke kann man gemütlich rasten: Bänke, eine Wiese und ein Fischimbiß sind dort zu finden.

140 Der **Drewensee** liegt hinter der Brücke rechts. Er ist für Motorboote gesperrt. Anlieger und Campingplatzgäste sind davon allerdings ausgenommen. Sie sollten sich immer am rechten Ufer halten und die Gebäude von Ahrensberg links liegen lassen.

142 Hinter den Hochspannungsleitungen lassen Sie eine große Bucht rechts liegen und paddeln weiter auf das Ende des Sees zu, vorbei an den Halbinseln Buchwerder und Tannenwerder. Das Ufer ist zerklüftet und hat viele kleine Buchten, ideal für Angler, oder um ungestört in seinem Kanu zu faulenzen.

143 Um zum Campingplatz am nördlichen Seeufer zu gelangen, müssen Sie den Drewensee überqueren.

⛺ Naturcamping Drewensee, 17237 Drewin, ☎ 01724/388063,

11. Drewensee - Woblitzsee

Eine Distanz von 14 km ist heute zurückzulegen. Auf dem Drewensee halten Sie sich vom Zeltplatz kommend auf der rechten Seite.

144,5 Steuern Sie Ihr Boot zwischen einer kleinen Insel zu Ihrer Linken und der dahinter in den See ragenden Halbinsel Kaninchenwerder zur Rechten hindurch.

145,5 Ein ⛺ Zeltplatz kommt am rechten Ufer in Sicht.

⛺ Campingplatz am Drewensee, ☎ 03981/24790, FAX 247999,

147 Kurz vor Ahrensberg befindet sich eine schöne Badestelle. Bei Ahrensberg mündet ein Fluß in den See. Fahren Sie dort nicht hinein, sondern links auf den riesigen Seerosenteppich und das Gutshaus zu.

148 Dieses lassen Sie rechts liegen. An der Oberen-Havel-Wasserstraße biegen Sie rechts ab und paddeln unter einer Brücke hindurch.

Kurz vor dem Autoüberweg befindet sich eine Anlegestelle. Hier können Sie anlanden und Ahrensberg erkunden. Die Treppe hinauf befindet sich eine öffentliche Toilette.

Ahrensberger Hausbrücke

Ahrensberg

✉ 17255

🚌 Linie 650 nach Neustrelitz und Mirow.

✕ Gaststätte Zur Alten Schmiede, täglich 11:30 bis 23:00. Zwischen Gasthof und Fachwerkkirche gibt es eine Telefonzelle.

151 Auf diesem Teilstück der Wasserstraße sind mit etwas Glück Eisvögel zu sehen. Vor der Schleuse paddeln Sie an der Abbiegung zur **Schwaanhavel** vorbei.

152,5 Hinter der Autobrücke führt Sie die Strecke auf den **Woblitzsee**. Zur Linken liegt **Wesenberg** (☞ Tag 3). Um zum Campingplatz Havelberge (☞ Tag 3) zu gelangen, müssen Sie weiter nach Norden auf das scheinbare Ende des Sees zupaddeln.

157 Der ⛺ Campingplatz Havelberge liegt am linken Seeufer.

12. Woblitzsee - Zierker See

Am letzten Tag sind nur noch 9 km zu fahren. Speziell für Kanuten, die nicht in Neustrelitz oder am Zierker See übernachten möchten, heißt das, Ihnen bleibt Zeit für die Heimreise.

Vom am westlichen Ufer gelegenen Campingplatz aus geht es quer über den Woblitzsee zu seinem nordöstlichen Ende. Orientieren Sie sich an den grünen Tonnen, die immer zu Ihrer Rechten liegen sollten. ✋ Vorsicht, östlich der Betonnung gibt es einige sehr flache Stellen im Wasser, an denen man sogar auflaufen kann.

158,5 Die Ausfahrt des Sees ist wieder durch einen "weißen Salmi" gekennzeichnet, auf den Sie zuhalten müssen. Hier beginnt der etwa 5 km lange **Kammerkanal**, der relativ breit ausgebaut ist, und der den Woblitzsee mit dem Zierker See verbindet.

159,5 Nach gut 1 km auf dem Kanal kommen Sie zur **Voßwinkler Schleuse**. Ein Bootswagen befindet sich zu ihrer Rechten. Hinter der Schleuse müssen Sie unter einer Brücke durchfahren. Dahinter führt der schilfbestandene Kanal weiter an landwirtschaftlich genutzten Flächen und Wäldern vorbei.

161 Eine kleine Eisenbahnbrücke überspannt den Kammerkanal.

163 Nachdem Sie eine weitere Brücke passiert haben, gelangen Sie an das Ende des Kammerkanals.

Der Kammerkanal wurde nach dem Kammer- und Forstkollegium, das ihn einst verwaltete, benannt.

Zwischen 1840 bis 1843 wurde der Kanal erbaut und 1916/17 noch einmal begradigt. Durch die Kanalarbeiten fiel der Pegel des am nördlichen Ende liegenden Zierker Sees erheblich. Mit 386 ha ist der See heute nur noch halb so groß wie um das Jahr 1800. Die Verlandung ist am Wäschespülhaus im Schloßpark Neustrelitz, das damals noch im See stand, deutlich zu erkennen: heute kann es trockenen Fußes betreten werden.

Auf den trocken gefallenen Landgebieten bildete sich die heutige Ufervegetation aus Schwarzerlen und Binsenarten.

163,5 Bei der Ausfahrt auf den Zierker See sehen Sie etwas voraus auf der rechten Seite einen kleinen Holzturm. Dieser gehört zum Freilichtmuseum "Slawendorf" (☞ Neustrelitz). Auf dem See lassen Sie sich von den grünen Tonnen leiten.

☺ Nach etwa 1 km auf dem Zierker See können Sie nach links abbiegen und kommen über einen kleinen Bach auf zwei Seen. Am zweiten befindet sich das Café Prälank. Während eines kleinen Spaziergangs können Sie von hier aus einen Findlingsgarten sowie einige Kunstwerke des Kunstrings besichtigen.

Der Zierker See ist sehr flach und der einzige See auf der Tour, in dem es sich derzeit nicht empfiehlt zu baden. Er wird aber saniert und besitzt hoffentlich bald wieder Badequalität.

166 Die grünen Tonnen leiten Sie zur Hafeneinfahrt von Neustrelitz. Dort gibt es verschiedene Anlegemöglichkeiten, die Beste beim Wassersportverein Einheit Neustrelitz. Sie befindet sich 300 m hinter der Hafeneinfahrt.

Neustrelitz

23.500 Ew. 17235 03981

Stadtinformation, Markt 1, ☎ 2531, FAX 214926, www.neustrelitz.de. Mai bis September wochentags 9:00 bis 17:00, am Wochenende 10:00 bis 13:30. Oktober bis April nicht am Wochenende.

Am Tiergarten, ☎ 203284.

Neustrelitz ist als Kreisstadt Zentrum des Busverkehrs von Mecklenburg-Strelitz. Alle Orte des Landkreises sind von hier aus zu erreichen. Der ZOB befindet sich vor dem Bahnhof, ☎ 421010.

♦ Die Busse der Fischadlerlinie starten ebenfalls am ZOB in Neustrelitz.

Rudi-Arndt-Platz 2, ☎ 492366. Mehrmals täglich fahren unter anderem Züge nach Berlin, Waren, Rostock und Stralsund.

Wassersportverein Einheit Neustrelitz, Zierker Nebenstraße 31, ☎ + FAX 204338. Im Vereinsheim gibt es 30 Schlafstätten in Mehrbettzimmern.

Hotel Haegert, Zierker Straße 44, ☎ 200305, FAX 203157, EZ/DZ ab € 40/50, 24 Zimmer, ✕

♦ Hotel Schlossgarten, Tiergartenstraße 15, ☎ 245000, FAX 245050, EZ/DZ ab € 45/60, 24 Zimmer, ✕

♦ Gasthof Zur Klause, Strelitzer Straße 53, ☎ + FAX 200570, EZ/DZ ab € 30/45, 6 Zimmer, ✕

♦ Pension China-Haus, Markt 6, ☏ + FAX 206421, EZ/DZ ab € 35/40, 7 Zimmer, ✕

Etwas weiter vom Zierker See entfernt, deshalb für Wasserwanderer nicht leicht erreichbar, liegen:

- Park Hotel Fasanerie, Karbe-Wagner-Straße 59, ☏ 48900, FAX 443553, EZ/DZ ab € 50/72, 68 Zimmer, ✕
- ♦ Hotel garni Pinius, Ernst-Moritz-Arndt-Straße 55, ☏ 445350, FAX 445352, EZ/DZ ab € 36/54, 23 Zimmer.
- ♦ Pension Klaffke, Alte Mühlenstraße 14, ☏ 45930, FAX 459328, EZ/DZ ab € 35/45, 10 Zimmer.
- ✕ Basiskulturfabrik, Sandberg 3a.
- ♦ Blauer Kiesel, Adolf-Friedrich-Straße 11.
- ♦ Inselgaststätte Helgoland, Am Hafen.
- ♦ Klabautermann, Strelitzer Straße 6.
- ♦ Klön-Ecke, Strelitzer Straße 33.
- ♦ Luisenstube/Reuterstube, Seestraße 8.
- ♦ Ristorante La Fontana, Markt 10/11.
- ♦ Zur Sonne, Markt 16.
- @ Café-Inter-Net(t), Bruchstraße 10.
- Bar & Café La Estrella, Markt 6.
- ♦ Café Karnatz, Am Markt 6.
- ♦ Eiskonditorei Köpke, Mühlenstraße 63.
- ♦ Konditorei Lange, Seestraße 24 und Strelitzer Straße 42.
- ♦ Souterrain-Café, Elisabethstraße 15.
- Der Netto-Markt in der Zierker Straße kurz vor dem Marktplatz liegt am nächsten zum Campingplatz. In der für Autos gesperrten Strelitzer Straße befindet sich ein Spar-Markt. Im Einkaufszentrum am Husarenmarkt, ebenfalls an der Fußgängerzone, können Lebensmittel, Textilien, Drogeriewaren und Fotoutensilien erstanden werden.
- Semmelweisstraße 1-10, ☏ 2690.
- Strelitzer Straße 26.
- Wassersportverein Einheit Neustrelitz, Zierker Nebenstraße 31, ☏ 204338 FAX 204339.
- Das Familienzentrum, Useriner Straße 3, ☏ 205087, verleiht einfache Räder ohne Gangschaltung kostenlos.

St. Marienkirche in Waren (S. 115)

- Pedal Point, Strelitzer Chausee 278, ☏ 441638.
- Angelkarten sind bei Fischmeister Rüdiger Glashagen, Seestraße 15a, ☏ 200842 und den Angelsportläden Schade, Strelitzer Straße 13, und Jäkel, Augustastraße 26, erhältlich.
- BANK Commerzbank, Markt 10.
- Deutsche Bank, Strelitzer Straße 2.
- Dresdner Bank, Markt 12.
- Neubrandenburger Bank, Markt 15.
- Raiffeisenbank, Bruchstraße 11.
- Sparkasse Mecklenburg-Strelitz, Strelitzer Straße 27 und Markt 2.
- Museum der Stadt Neustrelitz, Schloßstraße 3. In drei Ausstellungsräumen wird schwerpunktmäßig die Geschichte der Stadt bis 1945 dargestellt.
- Tiergarten Neustrelitz, Am Tiergarten 14. Hauptsächlich einheimische Tiere, aber auch ein Affengehege und ein begehbares Streichelgehege.
- Landestheater Mecklenburg, Friedrich-Ludwig-Jahn-Straße 14, ☏ 2770.
- Deutsche Tanzkompanie, Wilhelm-Riefstahl-Platz 7, ☏ 203334, FAX 203327.
- Tennis, Badminton, Squash, City-Golf, Kegeln und Saunagänge sind im Sport- und Freizeitzentrum Kiefernheide, Lessingstraße 70, ☏ 477277, möglich.
- FUN Neustrelitz bietet alle Formen der Freizeitbeschäftigung. Cineasten haben die Wahl zwischen der basiskulturfabrik, Sandberg 3a, ☏ 203145, und dem Klubkino Chaplin, Bruchstraße 17, ☏ 202966. Bowling-Liebhaber können an der Straße Am Heizkraftwerk in der Bowlingbahn Zum PIN ihrem Hobby frönen.
- Umgebung und Stadt können auch gemütlich per "Bummelzug" entdeckt werden. Zwischen April und September startet der Strelitz Trolli neben dem Rathaus zu seinen Rundtouren, ☏ 447964.
- Friesen- und Ponyhof Zachmann, Grüner Baum 8, ☏ 447922. Der Reiterhof bietet zudem Kremserfahrten an.

Neustrelitz ist eine verhältnismäßig junge Stadt (📷 S. 75). Am 20. Mai 1733 lobte Landesherr **Adolf Friedrich III.** Vergünstigungen für diejenigen aus, die sich im "neuen Strelitz" niederlassen würden. Die Bevölkerungsarmut, die er damit beseitigen wollte, hatte ihren Grund: 1712 war das Schloß des Herzogs in Strelitz abgebrannt. Das Geld für einen Neubau fehlte.

Kurzerhand wurde das vor Strelitz liegende Jagdschloß am Zierker See so umgebaut, daß es als neue Residenz herhalten konnte. Aber nur zögerlich folgte die Bevölkerung dem Regenten nach Neustrelitz. Nach dem Gründungsaufruf wuchs die Stadt jedoch schnell. Um das Jahr 1800 wohnten hier bereits etwa 4.000 Einwohner, in den 30er Jahren des vergangenen Jahrhunderts bereits 20.000.

Zentrum der Stadt ist nicht das Schloß, sondern der Marktplatz, von dem sternförmig acht Straßen abgehen. Strelitz - heute ein Stadtteil der Kreisstadt - hatten schon die **Slawen** besiedelt. Das älteste Schriftstück, das den Ort verzeichnet, stammt von 1278. Heute ist Neustrelitz Kreisstadt des Landkreises Mecklenburg-Strelitz.

i Die Stadtinformation hält drei empfehlenswerte Faltblätter mit "Stadtrundgängen" bereit.

Friedrich Wilhelm Buttel: 48 Jahre lang wirkte der 1796 in Zielenzing im heutigen Polen geborene Buttel als Landesbaumeister von Mecklenburg-Strelitz. Seine Gebäude bestimmen noch heute das Stadtbild der Kreisstadt. Nach Maurerlehre und Mathematik- sowie Architekturstudium bestand Buttel 1819 die Prüfung zum Baukondukteur. Mit seinem Lehrer **Karl Friedrich**

Die Stadtkirche

Schinkel blieb er in stetem Kontakt. Auf Empfehlung des bekannten Architekten bekam der 24jährige Buttel 1820 die Anstellung in Neustrelitz. Als Landesbaumeister war er fortan zuständig für das gesamte Stadtbild: Straßen, Fabriken, Gärten und repräsentative Bauten.

Die Schloßkirche, Rathaus, Marstall und der Turm der Stadtkirche sind nur einige Beispiele für Bauten, die er entworfen hat. 1869 nahm sich Buttel 73jährig das Leben - seine Frau war gestorben, seine Sehkraft schwand und an der Schloßkirche zeigten sich Risse.

✝ Die Stadtkirche wurde zwischen 1768 und 1778 erbaut. Wegen finanzieller Probleme bekam sie zunächst keinen Turm. Buttel konstruierte den Turm 1831 in Anlehnung an einen toskanischen Campanile. Im Volksmund wird der Turm "dat Butterfat", das Butterfaß, genannt. Konditionsstarke können von der Plattform auf dem Turm einen sehr schönen Ausblick über Stadt und Umgebung genießen.

♦ Zutritt außerhalb der Hauptsaison durch den Eine-Welt-Laden.

✝ Als Buttels Meisterwerk gilt die Schloßkirche: zwölf Türme schmücken die zwischen 1854 und 1859 erbaute Kirche. Der hellgelbe Backstein ist typisch für Buttels Bauten. Die einschiffige Saalkirche dient heute als Galerie für Plastiken. Die Exponate sollen die "ganzheitliche Wirkung des Raumes steigern", verspricht eine Broschüre der Stadt.

Die Schloßkirche

Wer den Innenraum mit den beiden seitlichen Emporen und der Grüneberg-Orgel betrachten möchte, muß wohl oder übel ein Ticket für die Ausstellung kaufen.

Der Schloßgarten bietet viel Sehenswertes. Seine Gestalt hat sich im Laufe der Jahrhunderte oft verändert. Zwischen 1726 und 1731 wurde er als barocker Garten angelegt. Am Ende des Zweiten Weltkriegs brannte das Schloß aus bisher ungeklärten Gründen ab und wurde nicht wieder aufgebaut.

Verblüffende Theaterkulisse

In jüngster Zeit steht eine Theaterkulisse, die für Freilichtspiele genutzt wird, mit angeschlossenem Café an dem ehemaligen Standort des Herrschaftssitzes.

Auch Teile des Gartens wurden bei dem Brand 1945 in Mitleidenschaft gezogen. Von der Theaterkulisse blickt der Besucher auf eine Reihe von Skulpturen griechischer Gottheiten. Am Ende der Mittelachse des Parks befindet sich der Hebetempel. Im englischen Teil des Gartens zur Linken des Tempels ist die Gedächtnishalle für die Königin Louise von Preußen interessant. Der chinesische Pavillon, das ehemalige Wäschespülhaus, befindet sich auf der anderen Seite der Useriner Straße am Zierker See. Die Götterallee leitet Besucher durch den Garten rechter Hand zur Orangerie. Buttel baute das Gebäude, das ursprünglich als Gewächshaus für exotische Pflanzen diente, 1842 zu einem repräsentativen Bau um.

⌘ Einen Eindruck vom Leben, Arbeiten und Wohnen im frühen Mittelalter möchte das "**Slawendorf**, Erlebniswelt am Zierker See" vermitteln. Hinter Palisaden sollen 17 Gebäude und ein Wachturm Geschichte faßbar machen. Mittelalterliches Handwerk wird demonstriert und wer möchte, kann auch selbst töpfern, flechten oder spinnen wie ehedem die Slawen.

♦ In der Nähe der Schloßkoppel gelegen, ☏ 273135, April bis Oktober täglich 10:00 bis 18:00.

☺ Architekturfreunde sollten sich in der Touristen-Information das Faltblatt "Auf den Spuren von Friedrich Buttel" besorgen, in dem ein Stadtrundgang mit Erläuterungen zu den vom Landesbaumeister entworfenen Gebäuden beschrieben wird.

Das Slawendorf am Zierker See

Alternativroute

Fachwerkkirche in Zielow

7a. Müritz (Zielow) - Müritz (Röbel)

Von Zielow bis Röbel sind es etwa 12 km. Nach dem Start von der Jugendherberge erreichen Sie links zunächst die Badestelle von **Zielow**. Wenige Meter weiter befindet sich das Hotel Seehof, hinter dem der Campingplatz liegt. Halten Sie sich immer am Westufer und paddeln nach Norden. Die Müritz wird sehr langsam tiefer. Am besten ist es deshalb, immer einen Sicherheitsabstand von etwa 150 m zum Ufer zu wahren.

☺ Faustregel für den Kurs: Von grüner Tonne zu grüner Tonne paddeln. Die grünen Fahrwassertonnen am Westufer sind mit ungeraden Nummern versehen, die nach Norden höher werden. Start in Zielow bei Tonne sieben.

96 Der Campingplatz Ludorf ist nach etwa 4 km zu sehen.

Müritzpark Ludorf, ☏ + FAX 039931/51640, FAX 039931/52702,

Ludorf ist etwa 1 km vom Zeltplatz entfernt, und gut zu Fuß zu erreichen.

Ludorf

✉ 17207 ✆ 039931

Linie 032 nach Röbel. Täglich 12:45, an Schultagen zwei Busse zusätzlich. Die Haltestelle befindet sich am Marktplatz.

Besonders sehenswert ist die Kirche mit dem Doppelnamen St. Maria und St. Laurentius. 1346 wurde die frühgotische Backsteinkirche in Form eines Oktogons errichtet. Als Vorbild diente dem Erbauer, der Sage nach ein Kreuzritter, die Kirche des Heiligen Grabes in Jerusalem. Das Dach läuft zu einer achtseitigen Spitze zusammen.

⌘ Gegenüber der Kirche ist eine Heimatstube eingerichtet, in der Alltags- und Arbeitsgegenstände vergangener Jahre zu sehen sind. Der Eintritt ist kostenlos.

Gutshof Ludorf, Röbeler Straße 34, ☏ 8400-60, FAX 84620, EZ/DZ ab € 62/92, 18 Zimmer.

✕ Restaurant Morizaner im Gutshof Ludorf.

98 Hinter Ludorf liegen in Ufernähe einige Felsblöcke im Wasser. Sie gelangen an eine Landzunge, das Steinhorn (Tonne 15).

Diese sowie die Bucht, das Zähnerlank, und die folgende Halbinsel, Großer Schwerin genannt, sind Naturschutzgebiet und dürfen nicht betreten werden. Auch die Einfahrt in das Zähnerlank ist verboten. Sie sollten hier eng an der grünen Betonnung fahren, da vor den Landzungen das Wasser sehr flach ist und Steine dem Kanu gefährlich werden könnten.

☺ Wenn Sie nicht nach Röbel möchten, können Sie bei windstillem Wetter über den Binnensee paddeln, der hinter dem Großen Schwerin liegt. Dazu steuern Sie auf den bereits sichtbaren Zeltplatz **Müritz Camp** zu.

99 Hinter der Halbinsel ist eine grün-rot gestreifte Tonne zu sehen. Diese sollten Sie rechts liegenlassen.

104 Die beiden markanten Kirchtürme von Röbel werden sichtbar. Am baumbestandenen Ufer des Großen Schwerin nähern Sie sich (geleitet von roten Tonnen) Röbel.

Am gegenüberliegenden Ufer sehen Sie zunächst zwei Badestellen. Der Campingplatz befindet sich hinter der Badestelle, zu der ein großer Steg und eine auffällige aufblasbare Rutsche gehören. Für Wasserwanderer ist eigens ein Areal direkt am **Binnensee** vorgesehen. Vom Zeltplatz aus sind es etwa 15 Min. zu Fuß in die Stadt. Hinter dem Campingplatz befindet sich ein Segel- und Motorbootverleih.

In den eigentlichen Hafenbereich gelangt man durch eine Verengung (S. 87). Auch Dampfer fahren nach Röbel, deshalb ist ein wenig Aufmerksamkeit auf dem Binnensee geboten.

Röbel

6000 Ew. 17207 039931

Touristen-Information im Haus des Gastes, Straße der Deutschen Einheit 7, 50651, FAX 53591, <www.roebel.m-vp.de>. Wochentags 9:00 bis 18:00, am Wochenende 10:00 bis 16:00.

♦ Stadtführungen mit Turmbesteigung von St. Marien von Mai bis September montags 13:00 bis 14:30 und freitags 18:00 bis 19:30. Treffpunkt: Räucherboot am Hafen.

Ibena, Kirchplatz/Nikolaikirche, + FAX 51809. Montag bis Freitag

10:00 bis 12:00 und 13:00 bis 17:00, Sonnabend 10:00 bis 14:00. Mittwochs geschlossen.

Insgesamt 16 Linien verbinden Röbel mit den Orten der Umgebung. Der ZOB befindet sich am Töpferwall, an der Mirower Straße. Busse der Linie 046 fahren mehrmals täglich nach Waren, die Linie 011 verbindet Röbel mit Mirow.

Campingplatz Pappelbucht, Seebadstraße 38a, ☏ 59113, FAX 51124,

Landhaus Müritzgarten, Seebadstraße 45, ☏ 8810, FAX 881113, DZ ab € 75, 28 Zimmer.

- Hotel Am Markt, Marktplatz 6, ☏ 8630, FAX 86318, EZ/DZ ab € 40/60, 5 Zimmer, ✕
- Hotel Müritzterrasse, Straße der Deutschen Einheit 27, ☏ 8910, FAX 89126, EZ/DZ ab € 40/50, 12 Zimmer, ✕
- Hotel Seelust, Seebadstraße 33a, ☏ 5830, FAX 58343, EZ/DZ ab € 62/70, 27 Zimmer, ✕
- Hotel Seestern, Müritzpromenade, ☏ 59294, FAX 59295, EZ/DZ ab € 44/60, 29 Zimmer, ✕
- Hotel Seglerheim, Müritzpromenade 11, ☏ 59181, FAX 59206, EZ/DZ ab € 45/55, 5 Zimmer, ✕

✕ Pizzeria Etna, Am Hafen

- Hong Phat, Straße der Deutschen Einheit.
- Marktrestaurant und Pizzeria, Am Markt.
- Müritzhof, Straße des Friedens 77.
- Regattahaus, Müritzpromenade, 20.
- Gasthof Waldock, Marienfelder Straße 1a.
- Tau'n Pötterwall, Töpferwall 4.
- Butenkraug, Straße der Deutschen Einheit.
- Altstädter Bierkeller, Straße der Deutschen Einheit.
- Zur Eiche, Kirchplatz.
- Asia Imbiß Bistro, Am Pferdemarkt 1.

Eisparadies und Café, Straße des Friedens 3.

- Piccolo, Hohe Straße 23.
- Hafencafé, Am Hafen, dort gibt es auch Snacks und Cocktails.

@ Ein Internetcafé gibt es nicht. Dafür ist im Technik-Center Röbel, einer Aral-Tankstelle an der Mirower Straße, ein "Internet-Bistro" eingerichtet. Zwei

Computer stehen im hinteren Teil der Tankstelle, die Tasturen gibt es an der Kasse.

Direkt vor dem Zeltplatz befindet sich das Müritzbad,

Wenige Meter weiter befindet sich Knuti's Strand. Knut Schaefer vermietet Kanus, Kajaks und Surfbretter. 59576/51797.

Cineasten können im Sommer von Donnerstag bis Sonntag im Strandkino neben dem Zeltplatz ihrem Hobby frönen.

Reinigung Reimann, Kirchplatz 16.

⌘ In der Heimatstube im Haus des Gastes werden in mehreren Räumen verschiedene Themen, wie beispielsweise Hexenprozesse in Röbel und die Lebens- und Arbeitsweise der Ackerbürger der Stadt, dargestellt. Montags bis sonnabends 10:00 bis 16:00, sonntags 10:00 bis 12:00 + 13:00 bis 16:00.

Sicherheitshaus Röbel, Warener Chaussee 3.

♦ Wasser-Service-Center Röbel, Seebadstraße 37.

♦ Dluginski Zweiradfachhandel, Pferdemarkt 14.

♦ Müritzbad am Campingplatz, Seebadstraße.

Am Hafen sind ein Plus-, 200 m weiter in Richtung Waren ein Aldi- und ein Minimal-Markt zu finden. Am Töpferwall am oberen Ende der Neustadt ist eine Sky-Filiale, wenige Schritte weiter an der Mirower Straße befindet sich ein Penny-Markt.

Müritz-Therme, Am Gotthuskamp 14. Schwimmbad mit Kinderbecken, Wasserrutsche und Sauna täglich 9:00 bis 22:00.

Alt- und Neustadt von Röbel waren lange Zeit getrennte Orte (S. 79). Diese Gliederung läßt sich noch heute gut erkennen. 1217 wurde der Ort zum ersten Mal erwähnt, aber schon im 10. Jahrhundert gab es hier eine slawische Burg und eine Tempelanlage. Etwa 1180 wurden deutsche Einwanderer bei dieser Burg seßhaft.

Die Hafenpromenade

Vom Zeltplatz kommend betreten Besucher zunächst Alt-Röbel und den Hafen. Vom schönen Hafen mit Dampferanlegestelle aus fällt der Blick rechts auf den ersten Stahlbetonbau in Norddeutschland, den 1912

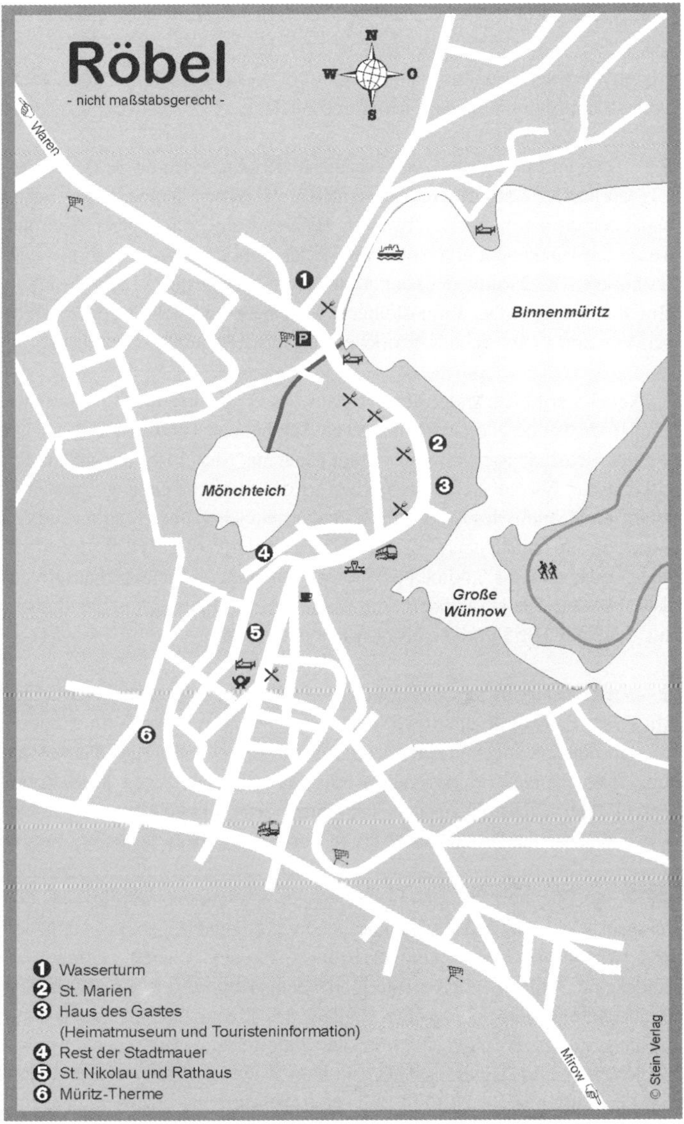
Röbel
- nicht maßstabsgerecht -
N
W
O
S
Waren
Binnenmüritz
Mönchteich
Große Wünnow
Mirow
1 Wasserturm
2 St. Marien
3 Haus des Gastes
(Heimatmuseum und Touristeninformation)
4 Rest der Stadtmauer
5 St. Nikolau und Rathaus
6 Müritz-Therme
© Stein Verlag

erbauten Wasserturm. Imposanter noch ist die Gestalt des Turms der Marienkirche, dem Mittelpunkt der ehemaligen Altstadt.

✝ Die im frühgotischen Stil erbaute Marienkirche wurde zu Beginn des 13. Jahrhunderts auf der 1180 zerstörten slawischen Tempelburg errichtet und über die Jahrhunderte erweitert. Während einer dreitägigen Sturmflut wurde das Fundament unterspült. Im 19. Jahrhundert wurde das Gotteshaus restauriert, 1853 wurde der neugotische Turm fertiggestellt, 1854 die Kirche erneut eingeweiht. Der Turm ist über eine schmale und steile Treppe besteigbar. Von dort bietet sich ein herrlicher Blick über Röbel und die Müritz.

Neben der Kirche findet sich das Haus des Gastes mit Touristen-Information, Heimatstube und einem modernen Amphitheater im Garten.

Die Neustadt war von einer Stadtmauer mit vier Toren umgeben. Die Grenze zur Altstadt befand sich etwa an der Straßenkreuzung "Achter de Muer" und "Straße des Friedens". Reste der mittelalterlichen Stadtmauer sind in der Straße "Mühlenberg" sichtbar. Der Neustadt wurde 1226 das Stadtrecht verliehen. Das Stadtbild ist geprägt von farbigen Fachwerkhäusern aus dem 18. und 19. Jahrhundert. Am Marktplatz sind besonders das Rathaus aus dem Jahr 1805 und die Nikolaikirche interessant.

✝ Die frühgotische Nikolaikirche war das Gotteshaus der Neustädter. Mit ihrem Bau wurde um 1250 begonnen. Der 70 m hohe Turm wurde im 15. Jahrhundert angefügt. Im ersten Stock des Kirchturms wird die Ausstellung "Die Wende und das Wirken der Stasi im ehemaligen Kreis Röbel" gezeigt. Der Dachstuhl aus dem 13. Jahrhundert ist begehbar.

♦ Wochentags 10:00 bis 16:00, sonnabends 10:00 bis 12:00.

Im **Glienholz** ist ein 12 km langer Wanderweg angelegt. Dieser schmale, Groß-Keller-Trift genannte Landweg beginnt gegenüber vom Aldi- und Minimalmarkt an der Kreuzung Warener Chaussee/Straße am Gildekamp. Unter anderem sind auf dem Wanderweg ein Fischadlerbeobachtungspunkt, der größte Findling des Kreises und der sogenannte "Teufels-Stein" zu finden, der in der Jungsteinzeit kultischen Zwecken gedient hat. 18 Erläuterungstafeln sind am Wegesrand aufgestellt. Im Haus des Gastes gibt es für 25 Cent eine Übersichtskarte mit Erläuterungen.

Röbel hat einen eigenen Till Eulenspiegel: **Karl Lehmann**. Das Röbeler Original stürzte 1916 bei einem Unfall auf dem Bahnhof der Stadt so unglücklich, daß ihm der linke Arm und der rechte Unterarm amputiert werden mußten.

Von 1921 bis 1962 rief er städtische Bekanntmachungen im Ort aus und gegen Honorar auch private Mitteilungen. Den genauen Wortlaut der Nachrichten erfand Lehmann stets in eigener Regie. Der Witz seiner Bekanntmachungen kam zumeist aus der Koppelung von zwei Sachverhalten. Sein berühmtester Ausruf brachte ihm eine Verwarnung durch den Bürgermeister ein, der ihm drohte, ihn im Wiederholungsfall ins Gefängnis zu sperren. Lehmann hatte gemeldet: "Die Parteiversammlung fällt heute Abend aus, die Schweine werden morgen früh am Bahnhof verladen."

☺ Weitere Bekanntmachungen Lehmanns und andere amüsante Berichte sind in der Broschüre "Sagen, Sitten, Gebräuche und Geschichten aus Röbel" gesammelt, die bei der Touristen-Information für € 2,20 erworben werden kann.

8a. Müritz (Röbel) - Müritz (Waren)

Etwa 20 km lang ist die heutige Etappe. Nach dem Start vom Zeltplatz lassen Sie links die Badeanstalt, Knuti's Badestrand und einige Bootshäuser liegen und paddeln auf die Müritz zu. Am Ufer sind Schilf und in den See hineinwachsende Laubbäume zu sehen. Das Wasser ist hier wunderbar klar, noch weit vom Ufer entfernt ist es möglich, auf den Grund zu sehen.

107,5 Sie gelangen zum nächsten Campingplatz, der auf Höhe der bereits sichtbaren grünen Boje Nummer 25 liegt.

⛺ Müritz Camp, Schloßstr. 4, ☎ 039931/52615, FAX 039931/52702,

Voraus sind bereits die roten Dächer der Häuser von Sembzin zu sehen. Dieser Ortsteil Klinks liegt hinter der **Sietower Bucht**, die zunächst umrundet werden muß. Das Schloß von Klink ist ebenfalls schon sichtbar, bei gutem Wetter reicht der Blick sogar bis Waren. Hinter dem Zeltplatz unterbrechen Schrebergärten den Schilfbewuchs.

109 Eine scharfe Biegung nach links leitet in die Sietower Bucht. Diese Ecke ist sehr flach, zudem können Wellen das Kanufahren schwierig gestalten. Andererseits sollten Sie nicht zu weit vom Ufer entfernt paddeln, da hier ein Wasserskilaufgebiet durch Bojen ausgewiesen ist. Der Kirchturm von Sietow Dorf lugt am gegenüberliegenden Ufer bereits über die Baumkronen und kann als Orientierungspunkt für die weitere Fahrt dienen.

109,5 Links befindet sich der ehemalige ⛺ FKK-Zeltplatz, der auch auf vielen Karten noch als solcher verzeichnet ist. Inzwischen gehört er zum Müritz Camp, ☞ S. 102.

☺ Wer über die **Sietower Bucht** paddeln möchte, hält am besten auf die rote Tonne hinter dem Wasserskigebiet zu, in etwa auf die roten Häuserdächer.

112 Sietow Dorf erreichen Sie, indem Sie hinter dem Zeltplatz die Bucht überqueren.

Sietow Dorf

✉ 17209 ✆ 039931

🚌 Die Bushaltestelle befindet sich vor der Kirche. Der Bus der Linie 011 hält hier an Wochentagen frühmorgens 6:50.

✝ Die rechteckige Backsteinkirche stammt aus dem Jahr 1344 und ist im 19. Jahrhundert renoviert worden. Der Turm war bis 1760 noch eine Etage höher.

Nach einem Sturmschaden wurde er nicht mehr in seiner ursprünglichen Höhe aufgebaut.

⛺ Etwa 250 m hinter dem Bootsanleger befindet sich eine schöne 🏊 Badestelle mit Rutsche. Der Campingplatz liegt dahinter. Der Eingang zum Zeltareal befindet sich an der Straße. Es gibt jedoch ein verschlossenes Tor im Zaun zur Badestelle. Am besten gehen Sie also zunächst zur Anmeldung, dann müssen Sie das Boot nur 100 m weit zum Tor tragen.

♦ Campingplatz "Sietower Bucht", Dorfstraße 21, ☎ + FAX 52068, ⛵ 🚲

Vom Bootsanleger führt eine kleine Straße in das Dorf hinein, an der verschiedene nette Fischrestaurants mit Außer-Haus-Verkauf liegen. Dort gibt es auch öffentliche Toiletten.

- ✕ Fischerei Sietow, Hans Joachim Behnke, direkt am Hafen.
- ♦ Aalräucherei zum Seeberg.
- ♦ Direkt vor der Kirche befindet sich das Hafen-Restaurant.

Das Dorf ist ursprünglich eine slawische Siedlung gewesen. Es unterstand seit 1344 dem Kloster Dobbertin.

115 Von Sietow Dorf aus paddeln Sie weiter am Westufer entlang.

Kurz vor einem für Wasserskifahrer ausgewiesenen Gebiet ist Vorsicht geboten, in Ufernähe befinden sich Felsbrocken im Wasser. Also: Aufpassen auf die Steine im flachen und die Motorboote im tiefen Wasser.

118 Etwa 200 m vor **Klink** endet das Wasserskigebiet. Das imposante Schloßhotel mit seinen Rundtürmen und der Badestelle ist das erste, was man von Klink sieht. Hinter dem Schloß befindet sich die Touristen-Information und der eigentliche Ort. Einige Meter weiter liegt der moderne Yachthafen mit Anleger.

Klink

1200 Ew. 17192 03991

- Informationsstelle Klink, Schloßstraße 1, ☎ 122922.
- Linie 011 nach Waren und Röbel, Busse der Linie 022 nach Waren und Malchow halten in Klink Dorf und am Müritz Hotel.
- Müritz Hotel, Am Seeblick 1, ☎ 141855-56-57, FAX 141854, EZ/DZ ab € 58/77, ✕
- ♦ Hotel Altes Gutshaus, Schulstraße 8, ☎ 15140, FAX 151450, EZ/DZ ab € 45/65, 16 Zimmer, ✕
- ♦ Sembziner Hof, Dorfstraße 24, ☎ 121990, FAX 733204, EZ/DZ ab € 40/65, ✕
- ♦ Schloß Klink, ☎ 7470, FAX 747299. Das Schloß wurde um die Jahrhundertwende im Stil der Loire-Schlösser erbaut. Als Hotel wurde es 1998 eröffnet.
- Einkaufsquelle Mattke, Dorfstraße 30.

♦ Bäckerei und Konditorei Bergholz, Am Park 3.

Kanus, Fahrräder, Tennisplätze, Inlineskates und Minigolfschläger können beim Strandservice des Müritz Hotels ausgeliehen werden.

MV Touristik am Yachthafen verleiht ebenfalls Fahrräder.

Im Müritz Hotel.

Im Juni 1375 findet sich der Name Klink zum ersten Mal auf einem Schriftstück. Eine Familie Gamm erwarb das Dorf, das während der folgenden Jahrhunderte häufiger seine Besitzer wechselte. Die letzten Herren von Klink waren ab 1898 die von Schnitzlers. Nach dem Zweiten Weltkrieg wurden sie enteignet. Heute gehören die Ortsteile Dorf Klink, Sembzin, Grabenitz und Eldenburg-Süd zu Klink.

Das Schloß zu Klink

Das Schloß diente zu DDR-Zeiten als Urlaubsheim des Gewerkschaftsbundes. Ein Touristenführer behauptet, nach der Wiedervereinigung sei es einem Nachkommen der von Schnitzlers zum Kauf angeboten worden: **Karl Eduard von Schnitzler**, der durch den "Schwarzen Kanal" inzwischen zu einer berüchtigten Fernsehberühmtheit geworden war. Der damals schon über 80-Jährige lehnte jedoch ab.

✞ Die Dorfkapelle ist als solche nicht auf den ersten Blick zu erkennen. Dem viereckigen Backsteinbau, der in den Jahren 1736 bis 1742 erbaut wurde, fehlt der Kirchturm. Die innere Gestaltung des Gotteshauses ist ungewöhnlich. Der Altar steht anders als üblich im östlichen Teil der Kirche. Im westlichen befindet sich eine "Winterkirche", eine beheizbare Empore, auf der an kalten Tagen gepredigt und gebetet wird.

119 Etwa 1 km hinter dem Schloß gelangen Sie zu einem weiteren Sandstrand mit betonierter Mole. Dahinter liegt das Müritz Hotel, ein Gebäude aus den weniger ruhmreichen Tagen der DDR-Architektur.

119,5 Hinter einer Insel aus Schilf liegt die Anlegestelle für Gäste der Apartments, die das Müritz Hotel vermietet.

120,5 Hinter dem Anleger verengt sich die Müritz. 1 km lang ist das schilfbestandene Stück, das die Müritz von der Binnenmüritz trennt, an der Waren liegt.

In Waren gibt es zwei Zeltplätze. Einen am West- und einen am Ostufer. Beide liegen ein wenig außerhalb des Zentrums. Ecktannen ist näher am Müritz-Nationalpark gelegen.

Der Campingplatz Ecktannen befindet sich hinter der bewachten Badestelle am Ostufer, die gut sichtbar markiert ist durch einen organgefarbenen Aussichtsturm der DLRG.

Der Zeltplatz Kamerun liegt am Westufer der **Binnenmüritz**, direkt am Wasser.

123 Bevor Sie ihn erreichen, müssen Sie über den Ausgang des **Reeckkanals** paddeln.

Vom nördlichen Ende der Binnenmüritz ist die Silhouette des Zentrums der Stadt sichtbar, nämlich dort, wo die beiden Kirchen zu sehen sind. Dort befindet sich auch der Hafen, in dem Kanufahren nicht gestattet ist.

Waren

22.000 Ew. 17192 03991

Haus des Gastes, Neuer Markt 21, 666183, FAX 664330, <www.waren-tourist.de> Mai bis September täglich 9:00 bis 20:00, sonst montags bis freitags 9:00 bis 18:00 sowie sonnabends 10:00 bis 15:00.

☺ Stadtführungen und -rundfahrten bietet die Waren Kur- und Tourismus GmbH an, Neuer Markt 1, 666183.

♦ Einstündige Stadtrundfahrten mit der Müritz-Tschu-Tschu-Bahn ab der Steinmole sechsmal am Tag.

♦ Waren-Information, Zimmervermittlung, 664392.

Nationalpark-Information, Specker Straße, 662786,

♦ Nationalpark-Service, Am Seeufer 73, 668849.

Es gibt fünf Stadtbusse. Vom Campingplatz Kamerun aus fahren Busse der Linie 4 nach Waren und Klink. Direkt vor dem Zeltplatz Ecktannen fahren Busse der Linie 3 ab.

Von Waren fahren mehrmals täglich Züge nach Neustrelitz und Kratzeburg. In die andere Richtung werden unter anderem Schwerin, Parchim und Ludwigslust angesteuert. Der Bahnhof befindet sich in der Bahnhofsstraße; ☎ 59311.

Campingplatz Ecktannen, Fontanestraße, ☎ 668513,

♦ Camping Kamerun, Zur Stillen Bucht, ☎ 122406, FAX 122406,

DJH, Auf dem Nesselberg 2, ☎ 667606.

Ringhotel Villa Margarete. Fontanestraße 11, ☎ 6250, FAX 625100, EZ/DZ ab € 60/73, 31 Zimmer.

♦ Hotel Kleines Meer, Alter Markt 7, ☎ 6480, FAX 648222, EZ/DZ ab € 68/87, 30 Zimmer,

♦ Hotel-Restaurant-Café Für Dich, Papenbergerstraße 51, ☎ 64450, FAX 644555, EZ/DZ ab € 60/80, 13 Zimmer,

♦ Gasthof Kegel, Große Wasserstraße 4, ☎ 62070, FAX 620714, EZ/DZ ab € 60/80, 16 Zimmer.

♦ Hotel Ingeborg, Rosenthalstraße 5, ☎ 61300, FAX 61330, EZ/DZ ab € 55/66, 27 Zimmer.

♦ Hotel Stadt Waren, Große Burgstraße 25, ☎ 62080, FAX 620830, EZ/DZ ab € 45/70, 22 Zimmer.

♦ Hotel Am Jachthafen, Strandstraße 2, ☎ 67250, FAX 672525, EZ/DZ ab € 42/70, 17 Zimmer.

♦ Hotel Goldene Kugel, Große Grüne Straße 16, ☎ 61380, FAX 613825, EZ/DZ ab € 47/65, 10 Zimmer.

♦ Pension am Müritz-Nationalpark, Specker Straße 71, ☎ 62190, FAX 621931, EZ/DZ ab € 40/65, 14 Zimmer.

♦ Pension Warener Hof, Mühlenstraße 6, ☎ 122448, FAX 665397, DZ ab € 57, 16 Zimmer.

♦ Pension zum Yachthafen, Rosenthalstr. 13, ☎ 662126, DZ ab € 35, 9 Zimmer.

♦ Pension und Café Müritzblick, Richterstraße 1, ☎ 667674, FAX 672420, DZ ab € 60, 9 Zimmer,

♦ Pension Sonnenhof, Fontanestraße 33, ☎ 64290, FAX 642922, DZ ab € 65, 2 Zimmer.

♦ Pension Am Seeufer, Am Seeufer 54a, ☎ 666555, DZ ab € 45, 7 Zimmer.

♦ Gästehaus Zur Linde, Platz des Friedens 1, 17192 Warenshof, ☎ 168920, FAX 168921, EZ/DZ ab € 25/35, 19 Zimmer,

Mehr als 50 gastronomische Einrichtungen bieten in Waren ihre Dienste an. Jeder Besucher sollte problemlos etwas Passendes finden.

Ein Besuch des **Stadthafens** empfiehlt sich besonders für Nachtschwärmer:

- Pier 13, Strandstraße 4.
- Shanty - Die Hafenkneipe, Strandstraße 4
- China Restaurant Hong, Strandstraße 3a.
- Martini, Strandstraße 3a.
- Windfang, Müritzstraße 18.
- Zapfhahn, Strandstraße 1.
- Hafenadvokatur, Müritzstraße 17a.
- Tonne 5, Müritzstraße 5.
- Klabautermann, Marktstraße 1.
- Binokel, Unterwallstraße 3.
- Mausefalle, Strandstraße 19.
- Alte Tankstelle, Strandstraße 15.

In der Stadt

- Ratskeller, Neuer Markt 1.
- Die Steinzeithöhle, Neuer Markt 24.
- Restaurant Alt Waren, Lange Straße 9.
- Altes Reusenhus, Schulstraße 7.
- City Ristorante, Friedensstraße 7.
- Shanghai-City, Fischerstraße 15.
- Rhodos, Alter Markt 8.
- Restaurant Moritz, Fontanestraße 51.
- Jannys Eis, Neuer Markt 26.
- Altstadt-Café, Lange Straße 19.
- Café Müritz, Lange Straße 61.
- Müritz-Fischer, Strandstraße 3, Fischimbiß.
- Jackey's Kombüse, Strandstraße 3, Fischimbiß.
- Internetcafé Nic.-Net, Strandstraße 4.
- Müritz-Klinikum, Weinbergstraße 19, ☏ 770.
- Wasserschutzpolizei, ☏ 165810.
- Surfschule Helia Schützler, Gerhardt-Hauptmann-Allee 10, ☏ 125917,
- Müritz-Marina, Am Seeufer 73, ☏ 666513.
- Eastside Surfschule Ecktannen, Falkenhagen 7, ☏ 122520,

Warener Schiffahrtsgesellschaft, Strandstr. 3/Hafenpassage, ☏ 125624, FAX 125693.

♦ Müritz Wind Personenschiffahrtgesellschaft, Strandstraße/Steinmole, ☏ 66664, FAX 665879.

Waschsalon Tutti Frutti, Strandstraße 1, ☏ 0178/2068696.

Am Neuen Markt gibt es Supermärkte und Drogerien. Vom Campingplatz Kamerun aus ist es etwa 1 km bis zum Einkaufszentrum an der Warendorfer Straße. Die nächstgelegene Einkaufsmöglichkeit vom Campingplatz Ecktannen aus ist das Einkaufszentrum an der Feldstraße in Papenberg. Zentrum der Stadt ist die Fußgängerzone in der Langen Straße, die vom Marktplatz abgeht.

BANK Bei den genannten Einkaufszentren gibt es Banken mit ec-Automaten. Am Neuen Marktplatz hat die Raiffeisenbank eine Filiale, an der Langen Straße die Deutsche Bank und die Post.

Campingbedarf ist im Sportmarkt Assmuß an der Kietzstraße erhältlich.

Am Ende der Straße Am Seeufer, die am Stadthafen beginnt, lockt ein 10 m breiter Grasstreifen zum Bad in der Müritz.

♦ Das beliebte Volksbad am Ortseingang, an der Röbeler Chaussee, besitzt eine Riesenrutsche. Der Eintritt ist frei.

Fontane Buchhandlung, Lange Straße 10.

⌘ Stadtgeschichtliches Museum, Rathaus, Neuer Markt. Wochentags 10:00 bis 18:00, am Wochenende zwischen 14:00 und 17:00.

FUN CineStar, Zum Amtsbrink 3, ☏ 181707.

♦ Bowlingbahn, Strelitzer Straße, ☏ 642124.

♦ Highlight - Nachtbar, Strandstraße 4

♦ Tanzpalast, Wossidlostraße.

♦ Yorxx, Strandstraße 3, Musikcafé.

♦ Hexenkessel - Partyhaus an der Müritz, Strandstraße 3.

♦ Copa Cabana, Strandstraße 3.

♦ Speicher No.1, Feldstraße.

Angelscheine sind zu erhalten bei: Angelei, Hafenpassage, Müritz-Angelshop, Große Burgstraße und am Campingplatz Kamerun.

Zweiradhaus Karberg, Lange Straße 46, ☏ 666080.

♦ Ohlmeier-Fahrräder, Marktstraße 2, ☏ 664775.

♦ Fahrradverleih Zum Nationalpark, Am Seeufer 24, ☏ 668003.

♦ Öko-Mobil-Park, Müritzstraße, ☏ 669407.

Hafenansicht

Zwei slawische Siedlungen hat es auf dem heutigen Gebiet Warens gegeben. Im 13. Jahrhundert gründeten deutsche Siedler die Stadt zwischen der Müritz und dem **Tiefenwarensee**. Vermutlich um 1250 erhielt sie das Stadtrecht. Um die neugebaute Burg, der die Marienkapelle zugeordnet war, bildete sich der eine Siedlungskern Warens.

✞ Die Kirche St. Marien dürfte für Architekturfreunde von besonderem Interesse sein (📷 S. 95). Einflüsse aus acht Jahrhunderten Baugeschichte sind an ihr zu entdecken. Der älteste Teil, der Feldsteinchor, stammt von 1225. Zu Beginn des 14. Jahrhunderts wurde die Kirche im Stil der Backsteingotik angebaut. Der Chorgiebel ist im Renaissancestil gehalten. Während des 30jährigen Krieges brannte St. Marien aus und wurde erst 1792 grundlegend restauriert. Aus dieser Zeit stammt die Turmspitze, die auf den mittelalterlichen Stumpf gebaut wurde. Der 54 m hohe Turm ist über eine schmale und dunkle Treppe begehbar und bietet einen hervorragenden Blick über Stadt und Seen.

Eine weitere Siedlung gründeten Westfälische Bauern um St. Georg in der Altstadt.

✞ St. Georg ist ein Backsteinbau in Form einer dreischiffigen Basilika, der zu Beginn des 14. Jahrhundert erbaut wurde. Etwa hundert Jahre später wurde der Westturm vor das Kirchenschiff gesetzt. 1699 brannte die Kirche, der Turm stürzte ein und zerschlug das Mittelschiff. Erst in der Mitte des 19. Jahrhunderts wurde sie im ursprünglichen, also neugotischen Stil, wiederhergestellt. Die Kirche steht am Alten Markt, dem mittelalterlichen Zentrum der Stadt. Um die Kirche herum stehen das alte Rathaus, das alte Schulhaus und das ehemalige Spritzenhaus.

1325 wurden die beiden Stadt-Teile vereinigt. Das Bild der Stadt prägten also seit jeher die beiden Kirchen.

Das neue Rathaus

Im 16. und 17. Jahrhundert brannte Waren mehrmals ab. 1699 verschonten die Flammen angeblich lediglich zwölf Häuser, darunter die Marienkirche und das Alte Rathaus. Die Speicheranlage am Stadthafen stammt aus dem 19. Jahrhundert. Durch die Kanalisierung der Elde und den Bau des Bolter Kanals wurde Waren zu einem Umschlagplatz für Holz und Korn. Heute ist der Hafen Sportbooten vorbehalten. Mehr als zwei Drittel der Fläche Warens besteht aus Wasser oder Wald.

Mittelpunkt der Stadt ist heute der Neue Markt (📷 S. 87). Bis 1797 befand sich das Rathaus in der Mitte des Platzes. Seit diesem Jahr ist das neue Rathaus am Rand des Marktplatzes zu finden. An seiner Rückseite befindet sich das Einschußloch einer Granate. Sie galt Hans Hennecke, dem sozialdemokratischen Finanzminister von Mecklenburg-Schwerin aus Waren, der in der Löwen-Apotheke hinter dem Rathaus wohnte. Während des Kapp-Putsches 1920 weigerte sich die Stadt, Waffen an die Aufständischen auszu-

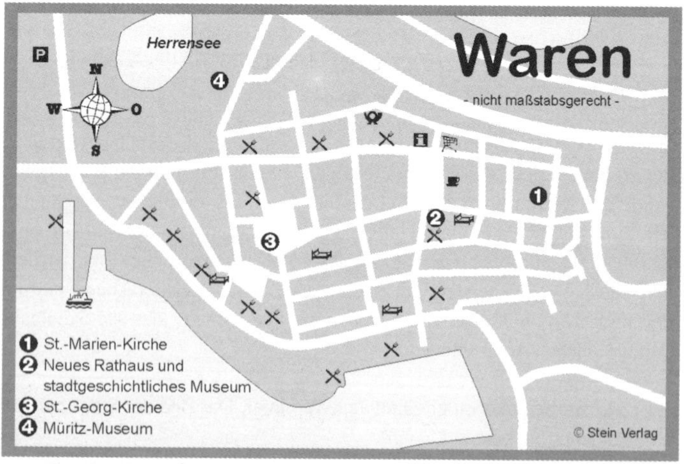

Touristen-Information am Marktplatz

liefern. Daraufhin erfolgte der Beschuß, der mehrere Menschen das Leben kostete. Im Rathaus befindet sich das Museum für Stadtgeschichte.

Am Neuen Markt ragt baulich die Löwen-Apotheke heraus. Das denkmalgeschützte Fachwerkhaus ist auf Resten älterer Häuser aus dem Mittelalter errichtet. In ihm residiert die Touristen-Information.

⌘ Das **Müritz-Museum** gliedert sich in drei Ausstellungsbereiche. Die Ausstellung im Museumsgebäude stellt die Landschaftsentstehung und -veränderung dar. Dort befindet sich auch die Vogel-, Insekten- und Weichtiersammlung. Im Garten sind einheimische Wildvögel wie Seeadler und Weißstörche zu sehen. Die 24 Becken des Süßwasser-Aquariums bieten einen Einblick in die Unterwasserwelt Mecklenburg-Vorpommerns. Über 40 Fischarten, u.a. der bis zu 3 m lange Wels, sowie Krebs- und Weichtiere, z.B. Schnecken, und Muscheln können hier beobachtet werden.

♦ Müritz-Museum, Friedensstraße 5. Mai bis September dienstags bis freitags 9:00 bis 18:00, am Wochenende 9:00 bis 12:00 + 14:00 bis 17:00, montags geschlossen. Während der Sommerferien ist das Museum auch am Montag und an den Wochenenden durchgehend geöffnet. Verkürzte Öffnungszeiten von Oktober bis April.

☺ Sonntags 15:00 Aquariumsführung, donnerstags 14:00 öffentliche Fischfütterung.

Kanu im Slawendorf in Neustrelitz

Index

Alle Bücher aus dem Conrad Stein Verlag

OutdoorHandbücher Basiswissen für Draussen

Band		€
1	Rafting	6,90
2	Mountainbiking	6,90
3	Knoten	6,90
4	Karte Kompaß GPS	7,90
5	Eßbare Wildpflanzen	6,90
6	Skiwandern	6,90
7	Wildniswandern	6,90
8	Kochen 1 aus Rucks. u. Packtasche	6,90
9	Bergwandern	6,90
10	Solo im Kanu	6,90
11	Kanuwandern	7,90
12	Fotografieren	6,90
13	Wetter	6,90
14	Allein im Wald - Survival für Kinder	6,90
15	Wandern mit Kind	6,90
16	Sex-Vorbereitung Technik Varianten	6,90
20	Wüsten-Survival	7,90
21	Angeln	7,90
22	Leben in der Wildnis	7,90
24	Ratgeber rund ums Wohnmobil	7,90
25	Wale beobachten	7,90
30	Spuren & Fährten	7,90
31	Canyoning	7,90
34	Radwandern	7,90
35	Mushing - Hundeschlittenfahren	7,90
36	Gesund unterwegs	6,90
39	Erste Hilfe	7,90
45	Solotrekking	6,90
48	Für Frauen	6,90
58	Fahrtensegeln	7,90
65	Seekajak	6,90
68	Minimal Impact - Outdoor - naturverträglich	6,90
69	Abenteuer Teeniegruppe	6,90
70	Wintertrekking	6,90
72	Schnorcheln und Tauchen	6,90
73	Trekkingreiten	7,90
77	Wohnmobil in USA und Kanada	9,90
86	Regenwaldexpeditionen	7,90
94	Wattwandern	7,90
97	Urlaub auf dem Land	7,90
99	Kochen 2 - für Camper	6,90
100	Ausrüstung 1 - von Kopf bis Fuß	7,90
101	Ausrüstung 2 - für Camp und Küche	7,90
102	Ballonfahren	6,90
103	How to shit in the Woods	7,90
104	Globetrotten	7,90
106	Daumensprung und Jakobsstab	6,90
108	DocHoliday - Taschendoktor für Outdoorer, Traveller und Yachties	6,90

OutdoorHandbücher Der Weg ist das Ziel

Band		€
17	Schweden: Sarek	12,90
18	Schweden: Kungsleden	12,90
19	Kanada: Yukon	12,90
23	Spanien: Jakobsweg	12,90
26	Schottland: West Highland Way	12,90
27	John Muir Trail (USA)	10,90
28	Landmannalaugar (Island)	10,90
29	Kanada: West Coast Trail	9,90
32	Polen: Radtouren in Masuren	12,90
33	Trans-Alatau (GUS)	10,90
37	Kanada: Bowron Lakes	10,90
38	Polen: Kanutouren in Masuren	12,90
40	Trans-Korsika - GR 20	12,90
41	Norwegen: Hardangervidda	12,90
42	Nepal: Annapurna	10,90
43	Schottland: Whisky Trail	12,90
44	Tansania: Kilimanjaro	12,90
49	USA: Grand Canyon Trails	10,90
50	Kanada: Banff & Yoho NP	10,90
51	Tasmanien: Overland Track	10,90
52	Neuseeland: Fiordland	10,90
53	Irland: Shannon-Erne	10,90
54	Südafrika: Drakensberge	10,90
55	Spanien: Pyrenäenweg GR 11	10,90
56	Polen: Drawa	9,90
57	Kanada: Great Divide Trails	10,90
59	Kanada: Wood Buffalo NP	9,90
60	Kanada: Chilkoot Trail	10,90
61	Kanada: Rocky Mountains/Rad	10,90
62	Irland: Kerry Way	10,90
63	Schweden: Dalsland-Kanal	12,90
64	England: Pennine Way	12,90
66	Alaska Highway	12,90

71	N-Spanien: Jakobsweg-Nebenrouten	12,90
74	Nordirland: Coastal Ulster Way	10,90
76	Pfälzerwald-Vogesen-Weg	10,90
78	Polen: Pisa-Narew (Kanuroute)	9,90
79	Bolivien: Choro Trail	10,90
80	Peru: Inka Trail u. Region Cusco	10,90
81	Chile: Torres del Paine	12,90
82	Norwegen: Jotunheimen	12,90
83	Neuseeland: Stewart Island	9,90
84	USA: Route 66	10,90
85	Finnland: Bärenrunde	9,90
87	Montblanc-Rundweg - TMB	9,90
88	Griechenland: Trans-Kreta	9,90
89	Schweden: Skåneleden	9,90
90	Mallorca: Serra de Tramuntana	9,90
91	Italien: Trans-Apennin	9,90
92	England: Themse-Ring	9,90
93	Spanien: Sierra Nevada	12,90
95	Norwegen: Nordkap-Route	12,90
96	Polen: Czarna Hancza/Biebrza-Kanu	9,90
98	Wales: Offa's Dyke Path	9,90
107	GR 5: Genfer See - Nizza	12,90
109	Mecklenburg. Seenplatte	9,90
112	Norwegen: Telemark-Kanal	9,90
113	Deutschland: Rennsteig	9,90
114	Alpen: Dreiländerweg	9,90
115	Tschechien: Freundschaftsweg	9,90
116	Spanien: Jakobsweg - Ruta de la Plata (2003)	12,90
117	Schweiz: Jakobsweg (2003)	12,90
118	Rund Australien	14,90

OutdoorHandbücher Fernweh-Schmöker

Band		€
46	Blockhüttentagebuch	12,90
47	Floßfahrt nach Alaska	10,90
75	Auf nach Down Under	7,90
105	Südsee-Trauminsel (Tom Neale)	9,90
110	Huskygesang	7,90
111	Liebe - Schnaps - Tod	7,90

ReiseHandbücher

	€
Äthiopien	22,90
Alaska	17,90
Antarktis	24,90
El Salvador/Honduras	17,90
Grönland	14,90
Iran	22,90
Kanadas Westen	19,90
Kanarische Inseln	14,90
Kiel	12,90
Kiel von oben - Luftbildband	24,90
Komoren	12,90
Kurs Nord	24,90
Libanon	12,90
Libyen	22,90
Neuseeland-Handbuch	18,90
Phuket & Ko Samui	14,90
Reisen mit Hund	9,90
Rumänien	13,90
Schweiz	18,90
Sibirien	22,90
Slowakei	14,90
Spitzbergen-Handbuch	22,90
Tansania / Sansibar	19,90
Travel Planet - Almanach f. 4 Kontinente	14,90
Überwintern - Langzeiturlaub im Süden	9,90

Fremdsprech

Band		€
1	Oh, dieses Dänisch	4,90
2	Oh, dieses Schwedisch	4,90
3	Oh, dieses Spanisch	4,90
4	Oh, dieses Englisch	4,90
5	Oh, dieses Französisch	4,90
6	Oh, dieses Russisch (2002)	4,90

☺ **Weitere Bände in Vorbereitung.**
Fordern Sie unseren aktuellen Verlagsprospekt an.

070102